PROCURATORIAL STUDY

2022年·第2辑

检察研究

江苏省人民检察院◎组织编写
编委会主任◎刘华

法律出版社
LAW PRESS·CHINA
北京

图书在版编目(CIP)数据

检察研究. 2022年. 第2辑 / 江苏省人民检察院组织编写. -- 北京 : 法律出版社, 2022
ISBN 978-7-5197-7138-6

Ⅰ. ①检… Ⅱ. ①江… Ⅲ. ①检察机关-工作-中国-文集 Ⅳ. ①D926.3-53

中国版本图书馆CIP数据核字(2022)第180087号

《检察研究》2022年第2辑
《JIANCHA YANJIU》2022 NIAN DI 2 JI

江苏省人民检察院 组织编写

责任编辑 许 睿
装帧设计 李 瞻

出版发行 法律出版社
编辑统筹 司法实务出版分社
责任校对 朱轶佳
责任印制 胡晓雅
经 销 新华书店

开本 787毫米×1092毫米 1/16
印张 7.75 字数 156千
版本 2022年6月第1版
印次 2022年6月第1次印刷
印刷 永清县金鑫印刷有限公司

地址:北京市丰台区莲花池西里7号(100073)
网址:www.lawpress.com.cn
投稿邮箱:info@lawpress.com.cn
举报盗版邮箱:jbwq@lawpress.com.cn

销售电话:010-83938349
客服电话:010-83938350
咨询电话:010-63939796

书号:ISBN 978-7-5197-7138-6
定价:35.00元
凡购买本社图书,如有印装错误,我社负责退换。电话:010-83938349

《检察研究》编辑委员会

目录 Contents

案例研究

专　稿

关于在矫法人变更与民营企业发展的分析报告

江苏省人民检察院课题组*

摘要:根据公司法等有关法律规定,部分社区矫正对象不得担任民营企业法定代表人,原法定代表人因贪污、贿赂、侵占财产、挪用财产或者破坏社会主义市场经济秩序被判处刑罚,应变更民营企业法定代表人。在司法实践中,绝大多数在矫法人没有变更法定代表人,因为如果变更了法人,就会使该民营企业处于“三无状态”,即经营无法继续、内部无法稳定、发展无法持续。检察机关应采取积极措施,充分履职,加大监督力度,为民营企业脱困松绑。

关键词:社区矫正　变更法人　企业合规　检察监督

为更好服务保障民营企业健康发展,课题组近期通过走访政府有关部门、相关民营企业,实地考察、召开座谈会等方式,对民营企业社矫人员变更法定代表人所面临的问题和困境进行了深入调研,分析产生的原因,提出切实可行的对策建议,帮助民营企业解绑脱困。

一、在矫法人及企业的主要特点

截至 2021 年 4 月底,全省任民营企业法定代表人的矫正对象共有 1526 人,主要有以

---

* 课题组组长:俞昕水,江苏省人民检察院党组成员、副检察长;课题组副组长:徐少飞,江苏省人民检察院第五检察部主任;课题组成员:章钟元,江苏省人民检察院员额检察官;姜大芊,江苏省人民检察院书记员;王岚,江苏省人民检察院实习生;邹旸,江苏省南京市溧水区人民检察院检察官;刘文,江苏省常州市天目湖地区人民检察院检察官;夏文军,江苏省苏州市吴江区人民检察院第三检察部主任。

下四个特点:

(一)涉案罪名比较集中

涉及的犯罪类型主要有以下三种:(1)犯破坏社会主义市场经济秩序罪、妨害社会管理秩序罪和侵犯财产罪的有 1205 人,占总人数的 78.96%;(2)犯侵犯公民人身权利、民主权利罪的有 146 人,占比 9.57%;(3)犯其他罪的有 175 人,占总比 11.47%。

(二)刑期档次相对较短

被判处有期徒刑二年(含二年)以下的有 1123 人,占总人数的 73.59%;其中被判处拘役 136 人,占比 8.91%,有期徒刑一年(含一年)以内 523 人,占比 34.27%,有期徒刑一年至二年(含二年)464 人,占比 30.41%。被判处有期徒刑二年至三年(含三年)的有 403 人,占比 26.41%。

(三)民企中下规模居多

这些民营企业注册资金规模在 1000 万元以下的居多,共有 1322 家,占总数的 86.63%。其中,注册资本在 100 万(含 100 万)元以下的有 637 家,占民企总数的 41.74%;100 - 1000 万(含 1000 万)元的有 685 家,占民企总数的 44.89%;1000 万元以上的有 204 家,占民企总数的 13.37%。

(四)地理区域差别明显

全省民营企业法定代表人因罪入矫的人数,从地理位置上看有着明显的差别。苏北三地共 194 人(徐州 90 人、连云港 56 人、宿迁 48 人),苏南三地共 773 人(苏州 450 人、无锡 182 人、常州 141 人),苏北三地总人数,仅占苏南三地总人数的 25.1%。

二、在矫法人变更的主要情形

根据《中华人民共和国公司法》第 146 条第 1 款第 2 项的规定,因贪污、贿赂、侵占财产、挪用财产或者破坏社会主义市场经济秩序,被判处刑罚,执行期满未逾 5 年,或者因犯罪被剥夺政治权利,执行期满未逾 5 年的,不得担任公司的董事、监事、高级管理人员。因此,原民营企业法定代表人在法院判决生效之日起至刑满后的 5 年内,不得担任公司的董事、监事、高级管理人员,必须变更民营企业法定代表人。

据统计,全省民营企业在矫法人的变更主要有主动变更、被动变更和没有变更等三种情况,具体如下:

(一)主动变更

民营企业法定代表人主动变更有 47 人,占总人数的 3.08 %。如社区矫正对象徐某,南京某汽配有限公司法定代表人,因犯销售假冒注册商标的商品罪,2020 年 12 月 28 日被判处有期徒刑 7 个月,缓刑 1 年。因刑事判决中明确了在缓刑考验期限内,禁止徐某从事销售汽配的经营活动,所以徐某所在民营企业主动变更了法定代表人。

（二）被动变更

民营企业法定代表人因罪入矫，已变更法定代表人的有325人（含民营企业注销的27人），占总人数的21.3%。例如，社区矫正对象吴某某，原系常州市某精密五金有限公司法人。司法所在入矫教育时，告知其因犯罪被判缓刑，不再具备法人资格，所以吴某某将法人变更为其妻子黄某某。再如，社区矫正对象李某某，原系苏州某精工电梯有限公司董事长及法定代表人，入矫后被苏州吴江区司法局告知社区矫正对象不得担任法定代表人，于是将公司法定代表人变更为与公司无关的朋友。

（三）没有变更

全省民营企业法定代表人因罪入矫的1526人中，未变更法定代表人1154人，占总人数的75.62%。例如，郭某某系江苏省某县某某房地产开发有限公司法定代表人，因犯单位行贿罪，被判处有期徒刑二年，缓刑二年，入矫后民营企业法人没有变更。再如，社区矫正对象葛某某为某有限公司的法定代表人，该公司因其他案件未处理完毕，因此尚未进行变更。

三、在矫法人变更的不利后果

在调查中发现，大部分民营企业如果因为原法人在矫而变更了法人，那么，就会使这些民营企业处于“三无状态”，即经营无法继续、内部无法稳定、发展无法持续。

（一）经营无法继续

例如，佘某某系扬州市某机械公司原法定代表人，因犯交通肇事罪被判处有期徒刑三年，缓刑四年。后在社区矫正期间，因变更法人后无法经营，公司注销。再如，社区矫正对象黄某某，系上海某光电公司苏州办事处总经理，该民营企业主要从事人工智能，自主研发机器视觉设备光源。黄某某入矫后，被告知不能担任法定代表人，但其控制着公司80%的销售及主要客户维持。变更法定代表人后，公司80%的销售会直接清零，主要客户不可避免会流失，将导致公司关门。

（二）内部无法稳定

社矫对象石某某是江苏某某建设工程有限公司法人，该公司是石某某于20世纪70年代白手起家创建的，公司企业资质为国家房屋建筑施工总承包壹级，注册资本8263万元。公司现有职工6000多人，拥有各类高中级技术人员386人。公司总部设在全国闻名的“建筑之乡”江苏省南通市，下设山西、天津、内蒙古、河北、银川、运城等分公司和办事处。近年来，公司承建的大中型项目分别获得国家、省、市级优秀工程奖，被授予“建筑质量管理先进集体”“建筑业经营管理先进集体”“优秀诚信民营企业”等荣誉称号，其中，山西分公司在四川“5·12地震”援建工作中表现突出，被太原市人民政府授予“五一劳动奖状”的荣誉。如果石某某变更了法人，那么不仅会影响到总公司的各类业务的开展，而且，总公司对下设的山西、天津、内蒙古、河北四家分公司和银川、运城两家办事处，也难以进行有效的管理。

(三)发展无法持续

例如,社矫对象王某某是江苏某某热能技术有限公司的法定代表人,公司现有员工 50 余人,原年产值两千多万元,平均产值每月在二三百万元左右。该公司近期准备进行技术改造,技改后员工预计增加到 70 多人,每月的产值就可以增加一千五百万元左右。如果王某某变更了法人,一方面,公司无法从银行贷款,技改缺乏必要的资金来源,公司就没有可持续发展的经济基础;另一方面,公司不能参加全国展会和签订业务合同,无法开展任何对外业务,技改也就没有任何意义了。

四、在矫法人不愿变更的原因分析

从上述数据可以看出,绝大多数在矫法人没有变更法定代表人。其中,南京市在矫民营企业法定代表人 246 人,未变更法定代表人 217 人,占比 88.21%,远远超过全省的平均占比数。为什么大部分民营企业法人不愿意进行变更?经走访相关民营企业,我们发现这是源于民营企业法人采取的自我保护措施,以防止对自己的生产、经营造成负面影响,具体表现在“七个不利于”:

(一)不利于民企规避风险

涉案民营企业独资或控股的占到了绝大多数,这就意味着这些民营企业多数只有一个或少数股东,对于只有一个股东的一人独资公司,变更法定代表人就不可避免地产生虚假代表人或者挂名代表人,不利于民营企业化解风险,影响交易安全。许多法定代表人反映因为没有适合的法定代表人人选,如果要求强制变更则只能变更给配偶、父母、朋友等,而这些人实际上根本不了解民营企业情况、不懂经营,仅作为挂名代表人存在,那么对民营企业来说,变更即意味着倒闭。对于这种情况,变更法定代表人对民营企业来说影响较大。例如,徐州某市在矫法人王某某原经营的建筑公司是典型的家族企业,亲朋好友等是公司的主要组织架构组成人员。如果王某某法人代表变更,原甲乙双方的在建项目中该建筑公司将面临违约赔偿的风险;且建筑项目存在成本风险——随着工期拉长,那么企业利润将被压缩,很有可能会拖欠企业职工和农民工工资,甚至公司会面临倒闭的境遇。

(二)不利于维持客户信任

客户对民营企业生产经营至关重要。因不同的行业和经营模式,民营企业与客户的合作方式也各有不同,有些是与老客户定期签订战略合作协议,有些是合作时逐次审查民营企业资质,也有一些是凭借前期合作建立的信任而继续保持合作关系。如果强制变更法定代表人的话,民营企业若要维持经营,就需要与老客户逐一重新协商签订合作协议,更换供应商资质材料,重新由采购方审查,最大的问题是极易导致客户的不信任。例如,矫正对象李某某(原系苏州某某电梯有限公司董事长及法定代表人)称,入矫后,他根据司法机关的要求变更了民营企业法定代表人。变更后李某某为打消老客户的疑虑,需要和客户一个一个沟通,在不到一年的时间里,他先后邀请了几十位老客户到自己工厂参观,无形之中给企业和本人造成了很大的经济负担。

(三)不利于民企自主经营

民营企业代表人的选定实质上属于民营企业自治的范畴,没有人会比民营企业实际经营者更了解民营企业经营的风险,以及如何保护民营企业利益。但对于普通民营企业来说,法定代表人涉罪并不一定影响其民营企业经营能力,其继续担任法定代表人也不必然损害民营企业利益,强制变更反而会对民营企业的经营造成不利影响。例如,矫正对象陈某某是苏州某某电子科技有限公司法定代表人,因犯非法经营罪被判处拘役五个月,缓刑六个月。入矫后,司法所告知其应变更法定代表人,但其因变更后无法继续进行生产经营,所以没有进行变更。

(四)不利于民企内部稳定

法定代表人变更对民营企业内部结构的稳定有较大影响。从中国特有的国情来看,很多的民营企业都是家族企业,法定代表人一般都由最初的创业者担任,他(她)在民营企业中的地位是“至高无上”的,就是俗称的“老大”。其他的民营企业领导人对此都是认可与无条件服从的,这样的民营企业内部领导结构比较稳定。一旦这个“老大”即法定代表人变更了,会立刻打破原来民营企业内部非常稳定的领导结构,很可能引发领导层的分裂,给民营企业带来灭顶之灾,现实中这样的例子不胜枚举。

(五)不利于特殊民企发展

一些创新型民营企业或具有特殊资质类的民营企业,如人工智能、第三方支付技术支持、电梯制造安装等,这类民营企业技术含量高,有的有专业研发团队,拥有自主知识产权,具有国家认可的特殊行业资质。如果强制变更的话,具有特殊资质的民营企业可能需要重新申请生产或经营资质。因此,与普通民营企业相比,强制变更法定代表人对该类民营企业的正常经营影响更大。例如,在矫法人孙某某的公司经营范围包括商品混凝土、建材销售,普通货物道路运输、装卸、仓储,工程设备租赁等。该企业如果变更法人,将涉及环评资料变更、建设局相关资质证书变更等,程序较为烦琐,而且一旦变更法人,该企业将无法正常运营。

(六)不利于法人改过自新

从此次调研的情况来看,社区矫正对象多为社会危害性小、刑期较短的罪犯,且其中有较大比例的涉税犯罪,该类罪犯已接受刑事处罚,涉税罪犯也已补缴税款,若再变更法定代表人对其民营企业经营造成影响实无必要,也与社区矫正帮助其改造融入社会的目的相悖。另外,该类民营企业对于本地区增加就业人员、提高国家税收、促进产业进步等有不可忽视的积极作用。在调研过程中,在矫法人姚某某坦言:“我已为自己犯的错误承担了法律后果,罪也判了,款也罚了,税也交了,能不能不变更法定代表人,给我一个戴罪立功的机会,让我继续经营,这样我自己不会成为社会负担,同时还能为社会创造经济价值,可以保证目前所有员工的有稳定收入和相关福利待遇。”

(七)不利于社会秩序稳定

例如,常州某某制冷有限公司法定代表人徐某某,因犯拒不支付劳动报酬罪被判刑。目前该公司负债六千多万元,一旦强制变更该公司法定代表人,那么,众多债权人的合法权益就无法实现,必将引发债权人上门讨债、聚众围堵、群体上访,甚至会导致哄抢打砸该公司财物、非法拘禁绑架相关人员等恶性事件的发生。

五、对策建议

上述问题的存在,是因为原有的法律法规已经跟不上新时期中国社会经济形势,特别是跟不上近年来众多民营企业飞速发展的变化。社区矫正对象的法定代表人变更问题逐步凸显,极易引发民营企业破产、大量员工失业、地方经济收入减少等问题,给民营企业带来不可逆转的损失,给社会带来很多难以预测的不稳定因素。检察机关应采取积极措施,充分履职,加大监督力度,为民营企业脱困松绑。具体应对措施如下:

(一)根据省级要求,暂缓法人变更

江苏省人民检察院于 2020 年 10 月 26 日下发的《关于服务保障民营企业健康发展的若干意见》第 2 条要求:审慎履行刑事检察职能,努力落实让企业“活下来”“留得住”“经营得好”的目标。其中第 2 条第 10 款专门提出检察机关要“推动优化涉民营企业人员刑事执行方式。准确把握宽严相济刑事政策,积极推动解决刑事执行工作中程式化、‘一刀切’的问题”。

检察机关应该会同司法行政机关,研究相关的具体措施,为正在服刑或者接受社区矫正的民营企业法人从事相关生产经营活动提供必要便利。除了民营企业法人因生产经营需要外出的,可以经法定程序准予请假;推动司法行政机关扩大民营企业法人假释的适用,对于同时符合减刑和假释条件的法人,依法建议适用假释;对在缓刑考验期内有重大立功表现的民营企业人员,可以报请减刑,并采取依法缩减其缓刑考验期等措施;对于非刑事判决中有禁止令的民营企业法人,可以采取暂缓法人变更的方法,以保障这些民营企业能够正常进行生产经营。

(二)涉案企业合规,不予变更法人

自 2020 年 3 月开始,最高人民检察院在部分地方开展企业合规改革试点。2022 年 4 月 2 日,涉案企业合规改革试点在全国检察机关全面推开。但是,从目前的试点工作实践来看,刑事企业合规的适用主要体现在对涉企人员的不起诉或减轻、从轻、从宽处罚等方面,还没有涉及刑事执行的阶段。

社区矫正的民企法人大部分主观恶性小,社会危害性小,考验期和刑期都比较短,将企业合规引入刑事执行阶段是完全可行的,如可以把达到涉案企业合规标准作为不予变更法定代表人的先决条件。对于达到合规标准的,允许民营企业不变更法定代表人,消除强制变更法定代表人对民营企业造成的消极影响和社会隐患。

我们设想由省级层面的检察机关与司法行政机关、市场监管部门建立“涉案企业合规不予变更法人”的工作机制,确定由涉罪民营企业申请、社区矫正机构审查提请、市场监管部门审核批准、检察机关监督的工作程序,对变更法人作出具体的区别对待:第一,以罪名区分。对于民营企业在经营过程中偶然实施的诸如虚假出资、抽逃出资、逃税、虚开增值税发票、非法经营、商业贿赂、污染环境、扰乱市场秩序等犯罪,可不予变更法定代表人。第二,以刑期区分。对于刑期和考验期都较短的社矫法人,强制要求其变更法定代表人意义不大,可不予变更法定代表人。第三,以企业合规情况区分。对于在矫法人不愿意积极配合并作出合规承诺,也不建立合规管理体系,或者不实施有效合规计划,继续从事违法生产经营的,司法行政机关应当对其作出强制变更法人的要求,并立即通知市场监管部门及时予以变更,检察机关进行同步监督。第四,以法院判决区分。民营企业被法院判决有禁止令的,司法行政机关必须对其作出强制变更法人的要求,并立即通知市场监管部门及时予以变更,检察机关进行同步监督。

通过把企业合规制度引入刑事执行阶段,做到民营企业“法人不变,企业不倒,公司不破,员工不走,生产(经营)不停”,以实现刑事企业合规的最大价值,取得较好的社会效果和法律效果。

(三)根据中央要求,修改相关规定

早在2017年党的第十九次全国代表大会上,习近平总书记就明确提出“清理废除妨碍统一市场和公平竞争的各种规定和做法,支持民营企业发展,激发各类市场主体活力。[①]”2019年12月4日中共中央、国务院出台了《关于营造更好发展环境支持民营企业改革发展的意见》(以下简称《意见》),其中第5条要求:“……持续清理和废除妨碍统一市场和公平竞争的各种规定和做法”。

以前为了最大限度地保护公共利益,通过《公司法》限制有犯罪前科的人员成为国企、集体等企业的法人,消除潜在的犯罪隐患,是非常必要和有效的。现在中国的民营企业和社会发展都有了天翻地覆的变化,随着国有企业改制、民营企业不断发展壮大,对于绝大多数的民营企业法人,不仅不会侵害自己的企业利益,而且会主动积极地保护自己的企业,当发现可能危害自己的企业利益的时候,他们会毫不犹豫地采取保护措施。所以,一旦发现变更法人会使自己的企业经营出现不利状况时,他们就会马上采取消极变更、拖延变更,甚至不变更的措施,以保护自己的企业能够顺利经营下去。

综上所述,《公司法》已经明显不适应现在社会形势的发展,根据中共中央、国务院下

---

① 参见习近平:《决胜全面建成小康社会 夺取新时代中国特色社会主义伟大胜利——在中国共产党第十九次全国代表大会上的报告》,载《人民日报》2017年10月28日,第1版。

发的《意见》，应当尽快予以修改。我们建议把《公司法》第 146 条"有下列情形之一的，不得担任公司的董事、监事、高级管理人员：……（二）因贪污、贿赂、侵占财产、挪用财产或者破坏社会主义市场经济秩序，被判处刑罚，执行期满未逾五年，或者因犯罪被剥夺政治权利，执行期满未逾五年；……"修改为："有下列情形之一的，不得担任公司的董事、监事、高级管理人员：……（二）民营企业被法院判决有禁止令的；不愿意积极配合并作出合规承诺，也不建立合规管理体系，或者不实施有效合规计划的，或者继续从事违法生产经营的……"

检察机关办理网络贩枪案件的实践困境及应对策略

王　萌　陆铭科　姚伟波*

摘要：近年来，利用网络实施贩枪的案件不断滋生和蔓延，对检察机关依法能动履职，促进"治罪"到"治理"，提出了更高的要求。网络贩枪案件具有涉案枪支种类多样、作案隐秘化、犯罪身份虚拟化等特点。面对比动能鉴定难题、选择性罪名及管辖权的确定等困境时，应全面审查涉案枪支，综合评估社会危险性，做到宽严相济，以实现精准打击和有效治理，维护社会秩序与群众的生命财产安全。

关键词：网络贩枪　枪支鉴定　宽严相济　公开听证

网络贩枪，主要是指犯罪分子利用互联网站、通讯软件等网络平台，从境外走私入境或者在境内非法制造枪支、枪支零配件、弹药等并进行网络宣传、买卖的违法犯罪行为。随着数字网络时代的发展，微信、QQ 等多种类聊天软件的成熟及网络众多购物平台的逐步完善，我们在享受科技进步带来的便捷的同时，部分传统的刑事犯罪也正日益向互联网迁移。在数字生态环境下，互联网逐步成为贩枪问题滋生的温床。

一、近年来网络贩枪犯罪的特征

（一）案件持续多发，气枪占比较大

2016 年 1 月 1 日至 2021 年 12 月 31 日中国裁判文书网公布的 315 起涉及网络贩枪刑事案件判决的数据显示，2016 年共涉及案件 10 起，2017 年共涉及案件 52 起，2018 年

* 王萌，江苏省常熟市人民检察院第一检察部检察官；陆铭科，江苏省常熟市人民检察院第一检察部副主任；姚伟波，江苏省常熟市人民检察院办公室副主任。

共涉及案件 122 起,2019 年共涉及案件 53 起,2020 年共涉及案件 55 起,2021 年涉及案件23 起。通过图 1 可以明显看出,案发数量呈现抛物线状并持续多发。

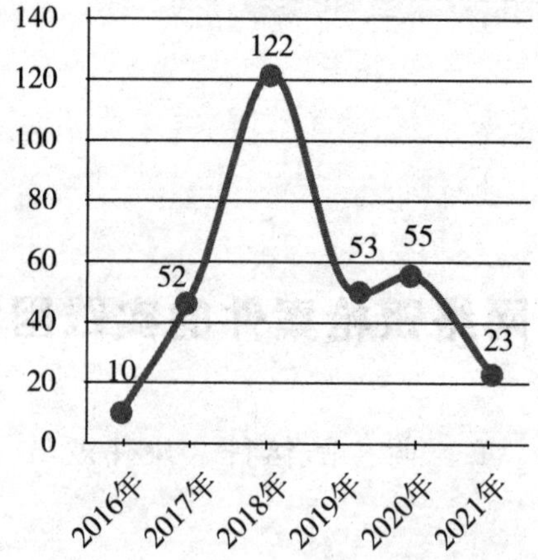

图 1　中国裁判文书网公布 2016 - 2021 年网络贩枪刑事案件数量曲线图

同时,网络贩枪案件涉及枪支种类颇多,共涉及五类枪支,分别为以火药为动力发射枪弹的非军用枪支(以下简称火药枪)、以压缩气体等为动力的其他非军用枪支(以下简称气枪)、制式枪支、球形弹丸软气枪以及射钉器等改制枪支。在网络贩枪犯罪活动中,常见的两类枪支为气枪及火药枪。在上述 315 件案件判决书中,气枪占比约 60% 。① (见图 2)

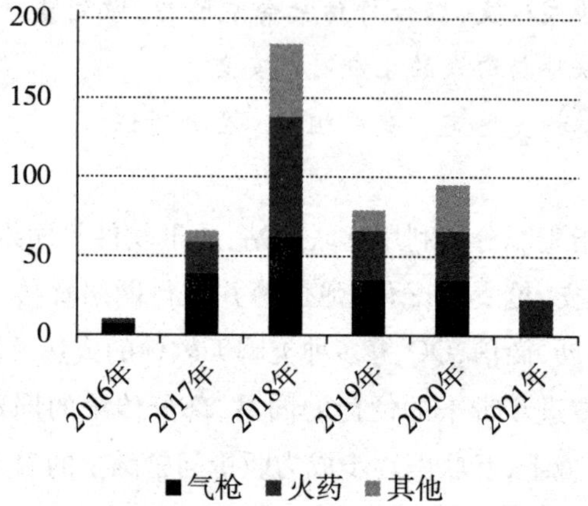

图 2　网络贩枪案件涉及枪支动力来源占比图

气枪是以高压气体为动力发射弹丸的一种枪械的统称,与火药枪的区别在于动力来源的不同。笔者认为,气枪之所以在犯罪数量中占有较大比例,一方面因为动力来源简便,不需要再次购买弹丸等动力发射物;另一方面因为操作简单,能够满足大部分购买者

① 笔者以“网络贩枪”为关键词,在中国裁判文书网(http://wenshu.court.gov.cn/)上检索,结果显示 2016 年至 2021 年案件总计 315 起,笔者根据 315 起案件判决书进行梳理后总结了相关数据。

对于枪支的爱好及日常需求。

（二）涉案枪支交易渠道多样，多种行为并存

随着互联网监管水平的不断提升，网络贩枪团伙已经由固定的网络交易平台，转向“论坛”“QQ群”“微信群”“朋友圈”“贴吧”“推特”“脸书”等多种宣传和交易渠道，通过不同社交软件交换交易信息，作案十分隐秘。根据近两年来全国公安机关侦破的“7·10”“8·08”“10·10”等十起重特大网络贩枪案件汇总数据，利用淘宝购物平台购买枪支占比37%，而利用“微信”“QQ”“推特”等群组及特殊平台购买枪支则占比63%。[①] 购枪者已经从大众普遍熟知的淘宝平台，转向了其他购物平台。

行为人购买枪支往往出于下列两种目的：第一种，居中倒卖，获取利润；第二种，出于对枪支的好奇，改装并收藏。居中倒卖和改装收藏的行为可触犯多种涉及枪支的选择性罪名，同时行为人买卖后改装并在一段时间内持有枪支还构成持有型犯罪。涉枪行为的多样化也为法律的适用带来了一定的难题。

（三）犯罪成本较低，贩枪结构复杂

网络贩枪案件中行为人仅需一台连接网络的设备便可以作案，犯罪成本较低。涉枪上下家普遍通过社交平台设置虚拟网络账号，或购置他人手机号码等刻意隐瞒自己的真实身份信息的方式，达到规避监管和处罚的目的。同时该类案件具备网络犯罪普遍存在的跨地区性的突出特点——行为人之间因网络群聊或经他人介绍认识后商议、转账、物流快递送取货，无须线下见面即能完成整个交易过程。

另外，购买者多的时候要经过四五层代理，经过层层加价最终才能购买到枪支，由此可见，涉案枪支的制造和销售链条大多是分离的，枪支的制造窝点往往在偏远的山区，而枪支的销售通过互联网的推手，得以遍布全国各地。[②] 网状化、层级化、一体化逐步成为网络贩枪团伙最为显著的特点。据统计，网络贩枪团伙的层级大多分为三级，第一级为制枪者，制枪者负责购买和制造枪支零部件，或者负责境外枪支的采购。第二级为代理商，代理商负责在网络平台发布贩枪信息，收集买家信息，并逐步发展下级代理。由于网络贩枪的隐蔽性以及其中蕴藏的巨大经济利益，不少微商、网商也被吸引进来成为代理销售进行贩枪活动。因面向的群体不同，便可以不断地扩大销售范围，形成多级代理模式。[③] 第三级为买枪者，买枪者多为枪支爱好者（少部分买枪者为利用枪支从事其他违法犯罪行为者），买枪者和买枪者之间、买枪者和代理商之间以兴趣爱好和经济利益为纽带，极易形成集团。同时，现实和虚拟的犯罪空间相交织，往往会导致主要犯罪地辨识模糊，从而对传统的地域管辖造成较大冲击。

---

① 笔者根据十起公安机关破获的重大网络贩枪案件所做的数据统计。

② 参见杨恺、戴力群：《网络贩枪犯罪的侦查策略研究》，载《法制与社会》2018年第33期。

③ 参见石泽翔：《网络贩枪犯罪社群特征与侦查策略》，载《江西警察学院学报》2020年第4期。

二、网络贩枪案件的法律适用困境

(一)枪支鉴定遭遇瓶颈

实践中,判断涉案枪型器是否属于枪支的关键在于枪支的比动能鉴定,这也是案件审查过程中的关键点。在司法实践中所依据的认定标准为公安部 2019 年最新印发的《公安机关涉案枪支弹药鉴定工作规定》(以下简称《工作规定》)。《工作规定》中定义了枪支,对网络贩枪犯罪活动中发案率较高的以压缩气体为动力的非制式枪支亦作出了比动能的限制,对于枪口比动能大于 1.8 焦耳每平方厘米的,应认定为枪支;对以火药为动力发射枪弹的非军用枪支没有比动能的限制规定。

首先,这项标准的认定带来了新的社会认知和司法实践的困境,因为认定基础是以造成裸露的眼睛损伤为标准,当受害身体部位由眼睛置换到其他部位,此项标准极大地缺乏说服力;其次,在司法实践中,经过公安机关物证鉴定中心技术鉴定得出的枪口比动能差别较大,如果全部根据《工作规定》中给出枪支认定标准,大于 1.8 焦耳每平方厘米的,均科之以刑责,则明显违背罪责刑相适用的原则;最后,为了对枪支致伤力有准确的判断,如对于以火药发射为动力的枪支,部分经改制枪支案件中,办案机关会要求做出比动能鉴定意见来审查判断涉案枪支的致伤力大小。但部分传统枪支类型,如“火铳”(火门枪)、“鸟铳”(火绳枪),因射击原理特殊,无法做出比动能鉴定。

(二)选择性罪名的确定存在争议

如果我们对《刑法》第 125 条规定的非法制造、买卖、运输、邮寄、储存枪支的罪名进行分解、组合,则可以发现涉枪的行为可分解出多达数十种具体的罪名。从立法上看,设立选择性罪名可以避免《刑法》分则罪名规定过于烦琐,从而满足了刑罚条文简约性的要求,但也给选择性罪名的确定带来了较大争议。

关于网络贩枪行为,目前并未形成独立性质的网络贩枪类型犯罪,需要根据行为人犯罪行为的犯罪构成来确定枪支犯罪中选择性的罪名。但选择性罪名是在充分了解罪状的基础上进行高度抽象、概括得出的罪名,对于既存在行为对象又有行为方式,并且可能存在多种行为的情况下,如何对罪名进行确定和组合成为办案人员需要考虑的首要问题。通过梳理裁判文书网的 315 件裁判文书,涉及枪支选择性罪名的主要争议可以分为以下两点:(1)非法买卖和持有枪支的界限;(2)何种行为可以定性为非法制造枪支。

(三)管辖权多有争议且指定管辖多

网络贩枪类型的案件,本质上是因网络交易等关系形成的多层级链条、跨区域的网络犯罪案件。目前管辖权确定的依据为 2022 年最高人民法院、最高人民检察院、公安部《关于办理信息网络犯罪案件适用刑事诉讼程序若干问题的意见》(以下简称《意见》),对于此类案件,共同上级公安机关可以参照有利于查清犯罪事实的标准,需要提请批准逮捕、移送审查起诉、提起公诉的,由立案侦查的公安机关所在地的人民检察院、人民法院受理。《公安机关办理刑事案件程序规定》第 17 条规定:针对或者主要利用计算机网络实施的犯罪,用于实施犯罪行为的网络服务使用的服务器所在地,网络服务提供者所在地,被侵害的网络信息系统及其管理者所在地,以及犯罪过程中犯罪嫌疑人、被害人使用的网络信息系统所在地,被害人被侵害时所在地和被害人财产遭受损失地公安机关可以管辖。故在网络贩枪犯罪网状化、层级化的大背景中,在制枪者、代理商、买枪者的住所均为犯罪事实发生地,多地均具备管辖权的情况下,共同犯罪的管辖权争议该如何破解,这是在案件办理中遇到的司法适用难题。同时,网络贩枪案件窝串作案较为常见,故对于该意见的理解与适用各地标准不一。实践中,囿于不同机关领导体制的区别,在网络贩枪犯罪的多个办案环节均需指定管辖。例如,部分案件在指定侦查管辖后,仍需进行审判管辖的报请,但因报请指定的周期较长,在一定程度上拉长了刑事诉讼周期,不利于实现程序正义的最大化。

(四)罪责刑难以相适应

对于枪支案件的法定刑,《刑法》第125条规定:"非法制造、买卖、运输、邮寄、储存枪支、弹药、爆炸物的,处三年以上十年以下有期徒刑;情节严重的,处十年以上有期徒刑、无期徒刑或者死刑。"涉枪犯罪法定刑颇高,众多网络贩枪案件的购买者出于爱好及收藏的目的。网络贩卖以压缩气体为动力且枪口比动能比较低的枪支案件,在决定是否追究刑事责任以及如何定罪量刑时,该以何种标准为参考?如何评估社会危害性?在办理这类案件时,根据最高人民法院《关于审理非法制造、买卖、运输枪支、弹药、爆炸物等刑事案件具体应用法律若干问题的解释》(以下简称《解释》)的规定以及理解与适用的精神,不唯数量论,但贯彻落实中如对涉案气枪10支以上是否一律认定为情节严重?如何把控标准?如何做到罪责刑相适应?以上问题为司法机关办案过程中应当首要考虑的问题。

三、如何解决网络贩枪案件中的疑难问题

(一)立法政策方面

1. 细化比动能审查标准

对于枪支认定的关键——比动能的鉴定标准,尤其针对案发率较高的以压缩气体为动力的枪支枪口比动能,笔者认为,目前需要各地在最高人民法院、最高人民检察院发布的《关于涉以压缩气体为动力的枪支、气枪铅弹刑事案件定罪量刑问题的批复》(以下简称《批复》)的基础上,逐步细化并对比动能大小做量刑的区分。据此,浙江省高级人民法院、浙江省人民检察院于2018年11月出台了《关于办理涉以压缩气体为动力的枪支刑事案件的会议纪要》,纪要明确涉案气枪枪口比动能在16焦耳每平方厘米以上的,应严格适用《刑法》以及相关司法解释;而比动能在1.8焦耳/平方厘米至16焦耳/平方厘米的,则不唯枪支数量论,一般情况下不认定为情节严重。该纪要细化了比动能的分类。比动能在1.8焦耳每平方厘米以上、不足5.4焦耳每平方厘米的,公安机关可以予以行政

处罚,检察机关一般可以依法不起诉,已经起诉的,人民法院可以认为情节轻微,免于刑事处罚;比动能在5.4 焦耳每平方厘米以上,不足10.8 焦耳每平方厘米的,应予以较大幅度的从宽处罚,符合条件的,检察机关可以依法不起诉,人民法院可以判处缓刑或者免于刑事处罚;比动能在10.8 焦耳每平方厘米以上,不足16 焦耳每平方厘米,符合条件的,可以判处缓刑。

浙江省司法机关细化作为审查是否为枪支以及定罪量刑的比动能标准应该得到推广。各地应该在进行充分调研的基础上,根据地域政策和枪支犯罪情况,逐步细化比动能鉴定标准,从而避免大于1.8 焦耳每平方厘米的涉案枪支,均一刀切予以入刑评价。但是,对于因射击原理特殊而无法进行比动能鉴定的个别枪支,要充分听取鉴定专家的意见,综合评估枪支的致伤力。

2. 确定选择性罪名

从《刑法》规定的体系上看,"非法买卖"并不需要兼有买进和卖出行为,《刑法》会在涉及买卖的不同犯罪中以不同的表述明确打击的行为。如果仅仅处罚出卖行为,《刑法》会在罪状上予以明确,如"贩卖毒品罪""销售伪劣产品罪"等,故而在非法买卖枪支的罪名中,"买卖"应理解为包括单纯的买进或卖出,或者兼有买进和卖出的行为。从司法解释来看,本罪的"非法买卖",包括单纯的购买行为。《解释》第 9 条所指的为日常生活而非法买卖的行为就是指单纯的购入,而不包括卖出。对于买卖和持有行为的争议问题,对《批复》的理解与适用时指出:"对于以收藏、娱乐为目的,非法购买、持有以压缩气体为动力、枪口比动能较低且不属于通过改制提升致伤力枪支的,社会危害性相对较小,应当依法从宽处罚。"[①]笔者认为,实践中可以参照该观点选择适用罪名。

针对涉及非法制造枪支的行为,首先,应对行为人的客观行为综合分析。因典型的制造枪支是"从无到有"的过程,如果只是购买枪支不同部件而拼凑在一起,则难以评价为制造的行为。制造枪支是一项运用技术,通过制作、改动或调整,从而改变枪支性能的行为。其次,应对涉案枪支的技术参数进行全面审查。既要对枪支架构的实质性改造进行严格审查,又要根据鉴定意见中对枪支关键性能的认定,对枪支进行实质性认定,必要时开展自行补充侦查以获取枪支定性的关键证据。通过咨询专家意见,充分审查对枪支的结构改造是否完成了向刑法意义上枪支的转变,改装行为对枪支的射击功能是否起到了实质性的促进作用,以此确定制造和持有枪支的界限。

---

① 《〈最高人民法院、最高人民检察院关于涉以压缩气体为动力的枪支、气枪铅弹刑事案件定罪量刑问题的批复〉的理解与适用》,载中华人民共和国最高人民法院网,https://www.court.gov.cn/zixun-xiangqing-88472.html,最后访问日期:2022 年 3 月 28 日。

3. 解决管辖权争议

相关法律、司法解释就管辖权争议规定了解决途径，[①]在办理相关管辖案件时应重点考虑两点：第一，对“有利于查清犯罪事实，有利于诉讼的原则”进行实质性的审查和把握，确保侦查机关指定的立案管辖是真正出于彻查犯罪，有利于诉讼的需要；第二，对分、并案审理的依据及条件进行审查，保证应当分、并案审理的网络贩枪类案件，依法分、并案审理，对不符合分、并案审理的案件则需要依法进行侦查监督。

管辖权争议的解决程序冗杂，这需要检察机关坚持将程序正义与实体正义同等重视，逐步通过提前介入、定期召开联席会议等形式，以促进管辖权问题及早解决，避免因管辖权层层上报等问题导致案件程序拖沓，损害司法的公信力，从而进一步凝聚起打击网络贩枪案件的司法合力。

（二）司法政策方面

1. 全面审查涉案枪支

2017 年赵某某案件曾名噪一时，该案经某市第一中级人民法院终审，最终判决缓刑。以此案为契机，在 2018 年 1 月 25 日最高人民法院审判委员会第 1732 次会议、2018 年 3 月 2 日最高人民检察院第十二届检察委员会第 74 次会议通过了《批复》，《批复》中亦明确了对于枪口比动能较低的涉枪犯罪行为，在决定是否追究刑事责任时，应当充分考虑枪支的外观、材质、发射物、购买场所等以及行为人的主观认知、一贯表现等情节。故在办理网络贩枪案件中，比动能的标准并不是办案所依据的唯一标准。根据《批复》的精神，办案人员仍然需要全面审查查获的枪支，确保对枪支的外观、材质、发射物及购买的场所和价格有全面的了解。如社会一般认知状况下，如果存在从玩具店购买的枪支以及购买价格明显较低的情况，在决定是否入刑评价时更应进行全面慎重考量，坚决避免客观归罪。

2. 贯彻宽严相济政策

2021 年 12 月 30 日，最高人民法院、最高人民检察院、公安部、工业和信息化部等十部门联合印发了《关于依法惩治涉枪支、弹药、爆炸物、易燃易爆危险物品犯罪的意见》，进一步指出，对于近年来案发率较高的以压缩气体为动力且枪口比动能较低的枪支以及气枪烟弹的行为，应依照《刑法》和《批复》的规定，综合考虑案件情节，综合评估社会危险性，坚持主客观相统一，决定是否追究刑事责任以及如何裁量刑罚，确保罪责刑相适应。在办理涉网络贩枪案件的过程中，应坚持贯彻落实宽严相济刑事政策，充分体现罪责刑

① 《中华人民共和国刑事诉讼法》第 26 条规定，几个同级人民法院都有权管辖的案件，由最初受理的人民法院审判。在必要的时候，可以移送主要犯罪地的人民法院审判。《人民检察院刑事诉讼规则》第 20 条、第 21 条规定，对管辖不明的案件，可以由有关人民检察院协商确定管辖。几个人民检察院都有权管辖的案件，由最初受理的人民检察院管辖。必要时，可以由主要犯罪地的人民检察院管辖。《公安机关办理刑事案件程序规定》第 21 条规定，几个公安机关都有权管辖的刑事案件，由最初受理的公安机关管辖。必要时，可以由主要犯罪地的公安机关管辖。

相适应的原则。一方面，继续坚持依法严惩严重涉枪涉爆刑事犯罪的方针，要强调对严重的网络贩枪窝串案件予以严厉打击的原则；另一方面，要综合考虑比动能大小、买卖、持有及非法改制枪支的目的，严格遵守罪责刑相适应原则。对于自首、从犯等具有从轻、减轻情节的犯罪嫌疑人要依法予以认定，并做到罚当其罪。对于犯罪情节较轻，责任减少的行为人，更应突出法、理、情的融合，予以轻缓处理。

3. 组织公开听证

检察听证是新时代检察机关主动转变司法办案理念、改进办案方式、广泛听取意见、接受外部监督的一项制度创新。公开听证不仅是在向社会公众展示法律的“刚正”和司法的“柔情”，更是在为社会治理和经济发展提供有力的司法保障。涉枪犯罪系危害公共安全犯罪，关乎社会稳定及群众生命财产安全。检察机关对涉枪案件部分人员拟作不起诉处理的，可以组织听证员、值班律师、侦查人员进行公开听证，充分说明案件事实、法律适用、拟作不起诉理由，与会听证员各自阐述意见，为检察机关作出决定提供参考。通过组织公开听证，既能做到依法独立行使检察权与保障人民群众的知情权、参与权和监督权相结合，又能维护案件当事人的合法权益，提升司法公信力，拓宽法治宣传辐射面。要力求通过听证会，公明事理、证清法理、讲透情理，为法治建设提供更优质的检察产品。

网络服务提供者保护个人信息的责任及其反思

毛首佳　陈文滔　练泰霖*

摘要:大数据时代下,公民个人信息正被高度共享与使用。网络服务提供者作为网络空间信息流动的“守门人”,在自身收集、存储、处理大量个人信息的同时,如何保护用户信息是需要重点关注的问题。《中华人民共和国个人信息保护法》(以下简称《个人信息保护法》)为公民个人信息设定了全方位的保护,也督促网络服务提供者承担起应尽的义务,实现部门法之间的协调与衔接。但审视整个保护体系,仍存在一些漏洞需要补齐,需给网络服务提供者划定责任边界,通过民事、行政和刑事手段予以规制,以达到在保护信息安全与促进信息流通之间实现平衡。

关键词:个人信息保护　网络服务提供者　“守门人”

当前我们正处于信息化和数字化高速发展的黄金时代,人人都能成为互联网的参与者和受益者。这一过程中,海量的信息在网络平台上被生成、获取、传递、利用。平台手握大量用户信息,既可能借此为用户创造便利,为社会带来巨大经济效益,也可能自恃优势地位,对公民信息强行垄断、过度收集、不当利用,甚至由于管理不力造成用户信息大量泄露。网络服务提供者享受了技术带来的红利,就必将承担更多的责任,接受更多的监督。随着2021年11月1日《个人信息保护法》①的正式施行,我国对个人信息的保护也迈入了全新的阶段。在个人信息保护的全新法律体系下,如何既保障个人信息安全,又实现信息数据自由流通;既赋予民众网络空间的安全感与信任感,又使互联网行业永葆发展活力,是必须回答的问题。

---

* 毛首佳,北京市东城区人民检察院第二检察部主任;陈文滔,北京市人民检察院第四检察部检察官;练泰霖,北京市东城区人民检察院检察官助理。本文为北京市人民检察院2021年检察理论课题“网络服务提供者保护个人信息的责任研究”阶段性成果(课题编号:BJ2021B21)。

① 本文引用法律法规较多,均采用法律简称。

一、公民个人信息保护语境下的网络服务提供者

（一）主体范围

2019 年《电子商务法》生效施行后，网络服务提供者成为“互联网 +”时代非常重要的商事主体。网络服务提供者在个人数据的收集和传播过程中起着很重要的作用，它既是数据信息的载体，也是网络空间和个人隐私的保护者。王利明在《中华人民共和国民法典草案建议稿》中，将网络服务提供者和网络内容服务提供者并列讨论，而学界通说倾向于对网络服务提供者作广义的解释，认为其既包括网络内容提供者也包括网络中介提供者。具体而言，网络服务提供者指以信息网络为媒介向用户提供信息或者为获取网络信息而提供特定服务的机构，主体涵盖了在网络上提供设施、信息、中介等技术性服务的服务商、非营利组织以及个人用户。

《个人信息保护法》第 58 条针对重要互联网平台设定了个人信息的特别保护义务，也即“守门人”条款，如何界定该条文中的“重要互联网平台”至关重要。该条将所提供服务的重要程度、用户数量基数以及业务的复杂性作为认定“重要互联网平台”的三个标准。因此有学者从技术与运营环境的重要性角度，将重要互联网平台界定为能够控制移动互联网平台的关键环节（技术环境和运营环境）、有资源或有能力影响其他个人信息处理者处理个人信息能力的互联网运营者，包括应用程序分发平台、移动终端操作系统、平台型应用软件（Application，APP）三大类。[①] 本文将网络服务提供者划分为提供网络服务的 APP 和能影响 APP 处理个人信息的重要互联网平台，又或者说包括 APP 和“守门人”。

（二）强调网络服务提供者法律责任的必要性

“互联网 +”时代，网络服务提供者拥有既得利益者与信息网络安全监管者的双重身份。一方面，网络平台是当前最主要的个人信息处理场所，用户基于信任与各种需要将个人信息交予网络服务提供者。但近年来越来越多的网络服务提供者被控诉违规收集利用用户信息、利用大数据杀熟、未采取保护措施导致用户信息泄露，种种情况都督促立法者为网络服务提供者划定法律责任，督促其自觉保护公民个人信息。另一方面，大型互联网平台坐拥大量用户，其用户个人信息体量之大使目前的监管治理难以做到全面覆盖。因此，主要依靠政府对互联网平台实行单独评估与整改的模式无法适应当前的客观情况，有必要重新调整监管责任在政府与企业之间的分配。与政府相比，大型互联网平台企业在为网络用户提供服务的同时，掌握着用户个人信息与互联网连接的入口，同时为用户提供必要的技术支持。若由其参与个人信息监管工作，势必能够对个人信息保护采取更有针对性以及切实有效的规范措施。在网络空间治理中，网络服务提供者作为第三方主体，凭借着海量的用户数据及强大的技术支撑，成为私人与公权力之间的桥梁。

---

① 参见张新宝：《互联网生态“守门人”个人信息保护特别义务设置研究》，载《比较法研究》2021 年第 3 期。

与此相应,网络服务提供者若妄想只享受红利,怠于承担应有的社会责任,就要受到法律的惩罚。

二、公民个人信息保护的立法历程

我国对公民个人信息保护的立法探索始于2003年。周汉华教授接受国务院网信办的委托,带领课题组草拟出一份《个人信息保护法》专家建议稿,之后的几年中一些法律法规对个人信息保护偶有涉及,但大多都是一笔带过。

2009年出台的《刑法修正案(七)》标志着立法层面的转变。《刑法修正案(七)》增设了“出售、非法提供公民个人信息罪”和“非法获取公民个人信息罪”。作为第一部对个人信息进行专门保护的法律,《刑法修正案(七)》既填补了当时的立法空白,又保持了刑法应有的谦抑性,将处罚对象限定为特殊主体,且并未对个人信息进行全周期的刑事规制。

随着我国互联网产业的加速发展,《刑法》第253条之一的罪名已不能完全满足个人信息保护的需要。针对公民个人信息的违法犯罪行为依托于网络平台生出新的形式特点,2012年《关于加强网络信息保护的决定》开宗明义地表明了国家保护能够识别公民个人身份和涉及个人隐私的电子信息的决心,并在整体上带动了我国对个人信息保护的专项立法。而后,2013年公布《电信和互联网用户个人信息保护管理规定》,修正《消费者权益保护法》,2015年《刑法修正案(九)》将第253条之一的两罪合并为“侵犯公民个人信息罪”一罪,将犯罪主体调整为一般主体,强势扩大了该罪的打击范围,并成为此后我国刑法层面保护个人信息最主要的罪名。

刑法不可能无差别地打击一切侵犯公民个人信息的行为,对于一般违法行为,需要民法、行政法作为前置手段。2017年《网络安全法》施行,规定网络运营者收集、使用应当遵循法律、行政法规关于个人信息保护的规定。2017年《民法总则》生效,2019年《电子商务法》施行,2021年1月1日《民法典》正式生效,同年9月1日《数据安全法》正式生效,公民个人信息保护的法律版图逐渐完整,直至同年11月1日《个人信息保护法》生效,立法者搭建起公民个人信息保护的法律体系。

在这一体系搭建的过程中,网络服务提供者逐渐成为立法者的重点关注对象。《网络安全法》第41条规定网络运营者收集、使用个人信息应当依照法律、行政法规的规定及与用户的约定。《电子商务法》第32条规定电子商务平台经营者应当制定平台服务协议和交易规则,明确个人信息保护的权利与义务。《个人信息保护法》在设定信息处理者义务时,除了适用于全部主体的基础性义务,还借鉴欧盟《数字市场法(草案)》引入了针对重要互联网平台的特别义务,也即“守门人条款”。这些立法工作及时回应了社会关注的热点,以法律的刚性与力度为公民个人信息提供充分的保障。

纵览近年来我国对个人信息保护的立法历程,我们实际上走出了一条“刑先民后”的探索道路。事实证明,这种治理路径在过去取得了很大的成果。然而,时过境迁,我们现在已经有了较为完整的个人信息保护法律体系,关于基础理论的研究也趋近成熟,“互联网+”背景下侵害公民个人信息的行为也呈现出新的样态,由此产生的问题需要我们对已有的立法进行检视,适时作出调整。

三、现行个人信息保护立法体系的特点

过去我国个人信息保护立法呈现出“刑法先行,民刑次之”的立法特点。随着《个人信息保护法》的落地生效,当前我国公民个人信息的保护体系已经呈现民法、行政法、刑法三法协调、衔接顺畅的结构。网络服务提供者侵犯公民个人信息,给公民造成损失的,公民个人可以通过民事诉讼追究网络服务提供者的民事责任。国家也不会对网络服务提供者侵犯个人信息的行为视而不见,对于符合条件的行为,监管机构会追究其行政责任。当行政法已经不足以评价侵犯公民个人信息的行为的严重程度时,刑法将代表国家对网络服务提供者的行为作出否定性评价,并通过刑罚进行谴责。当前个人信息保护体系特别是突出了通过公益诉讼保护个人信息,扩大了个人信息保护的救济渠道;并且将刑事责任作为行政责任的一种延伸,在行政违法的前提下才追究刑事责任。

(一)个人信息保护的公益诉讼

《个人信息保护法》第 70 条规定:“个人信息处理者违反本法规定处理个人信息,侵害众多个人的权益的,人民检察院、法律规定的消费者组织和由国家网信部门确定的组织可以依法向人民法院提起诉讼。”在制度层面确立了以公益诉讼保护个人信息的同时扩展了保护个人信息的空间维度,更为《民法典》与《刑法》的衔接提供了新的探索动力,是对公民个人信息保护的有益补充。①

1. 个人信息保护公益诉讼介入的必要性与正当性

第一,互联网领域个人信息侵权维权难度大。平台掌握了海量用户信息,如果出现违规处理公民个人信息的情况,必然不止一位受害人,相应的责任人也必然不止一个。因此,对于普通公民来说,若想通过诉讼维护自己的权益,将面临取证难度大、异地诉讼、诉讼周期长等问题,成本与收益不成正比。此外,大量受害人可能分布在全国的各个省市,达成诉讼共识就是一个挑战,而普通公民对抗财力强大的网络服务提供者,甚至是巨型互联网平台,更是势单力薄。由此产生的结果是被侵权人放弃维权,民法的保障落空。

第二,根据《民事诉讼法》的规定,检察机关本身就是公益诉讼的适格主体,只是目前《民事诉讼法》中未直接对个人信息保护领域的公益诉讼作出规定。但公益诉讼的初衷是维护公共利益,守护和谐社会,侵犯公民个人信息造成的危害的严重程度近年来有目共睹,个人信息背后绝不仅仅有私人利益,检察机关应当承担起保护个人信息领域的公

---

① 参见张朝霞、练虹怡:《多元视角下的公民个人信息保护》,载《人民检察》2021 年第 10 期。

共利益的责任。①

第三,个人信息保护公益诉讼制度符合国际立法趋势。目前,欧盟、美国、韩国都在私力救济之外设立了保护个人信息的公益诉讼制度。由此可知,从立法层面确立个人信息保护公益诉讼制度已然成为符合当今时代法治浪潮的举措。

2. 个人信息保护公益诉讼的制度设计

《民事诉讼法》第55条第1款规定:“对污染环境、侵害众多消费者合法权益等损害社会公共利益的行为,法律规定的机关和有关组织可以向人民法院提起诉讼。”解读这一法条可以发现,立法者并未将公益诉讼的范围严格限定在环境公益诉讼与消费者权益公益诉讼范围内,“等损害社会公共利益的行为”的表述表明立法者为法律留出了修改与灵活应变的空间。

(1)个人信息保护公益诉讼的起诉条件

根据《个人信息保护法》第70条的规定,公益诉讼提起的条件是违法处理个人信息、侵害众多个人的权益。“违法”是指违反《个人信息保护法》,《个人信息保护法》对信息处理的全周期都作出了规定,网络服务提供者违反信息处理义务或侵犯公民基于个人信息享有的权利的,就属于“违法”。如何界定“侵害众多个人的权益”,部分观点认为可以参照消费者权益保护诉讼的提起条件或借鉴域外立法经验,受害者达到特定人数或者害及社会公共利益时,就可以提起诉讼。②

(2)适格原告与被告

有资格提起个人信息保护公益诉讼的主体是人民检察院、法律规定的消费者组织和国家网信部门确定的组织。对于“法律规定的消费者保护组织”“国家网信部门确定的组织”可以参考《消费者权益保护法》《环境保护法》中对相关组织的规定对现行法律进行解释。

个人信息保护公益诉讼的适格被告就是个人信息处理者,既可以是组织也可以是个人。但是《个人信息保护法》《民法典》《刑法》《行政诉讼法》等法律都对国家行政机关违法侵害公民个人信息规定了相应的法律责任和处理程序,因此没有必要将国家行政机关纳入个人信息保护公益诉讼的被告范围。③

(二)刑事处罚时的行政责任前置

刑法是法治的最后一道防线,只有在民法、行政法无法作出妥当评价的情形下,才能

① 参见刘家璞、王子健:《检察公益诉讼介入互联网个人信息保护的路径和措施》,载《中国检察官》2021年第9期。

② 参见张新宝、赖成宇:《个人信息保护公益诉讼制度的理解与适用》,载《国家检察官学院学报》2021年第5期。

③ 参见张新宝、赖成宇:《个人信息保护公益诉讼制度的理解与适用》,载《国家检察官学院学报》2021年第5期。

动用刑事处罚,因此要守好刑法的边界。在个人信息保护语境下,网络服务提供者可能触犯的两个罪名——侵犯公民个人信息罪或拒不履行信息网络安全管理义务罪,均以行政违法为前提。追究网络服务提供者的刑事责任时,应当根据《个人信息保护法》等法律法规,先明确网络信息服务提供者的行政责任。有了行政责任的,才能根据刑法具体罪名中犯罪构成的规定,进一步追究网络服务提供者的刑事责任。行政责任的内容,使网络服务提供者侵犯公民个人信息的行为得到正确的定性、正当的处罚,绝不能越过行政责任直接适用刑事处罚。

四、对现有法律规定的理性检视

对现行个人信息保护法律体系进行审视,笔者发现其中仍存在一些未决的争论,尚有需要调试、完善之处,现就个别重要问题予以论述。

(一)大数据时代个人信息法律属性不明

法律保护的前提是建立在明晰具体权利义务的基础上的。不能明晰"个人信息"的法律定义,我们也就无法对其予以相适应的保护。《民法典》设置人格权编,对人格赋权,但未对个人信息赋权。[①] 民法学界对公民个人信息的法律属性的认定,一直存在民事权利说与民事利益说之争。

主张民事权利说的学者认为,虽然立法并未明确指出个人信息是一项权利,但立法将个人信息与隐私权相区分,实际上就是承认个人信息具有民事权利的性质。主张民事利益说的学者则认为,《民法总则》虽然为个人信息保护提供了法律依据,但并没有明确适用个人信息权这一表述,表明《民法总则》并未将个人信息作为一项具体的人格权利。

民法上对个人信息法律属性无法形成统一的界定,导致刑法对于侵犯公民个人信息罪的保护法益也无法确定下来。刑事立法的不确定只能依靠刑事司法的智慧与经验来补足。

(二)网络服务提供者承担行政责任的依据过于宽泛

根据《个人信息保护法》第 66 条的规定,违反《个人信息保护法》规定处理个人信息,或者处理个人信息未履行《个人信息保护法》规定的个人信息保护义务的,根据其情节不同承担不同程度的行政责任。应用程序违法处理个人信息的,不仅会被责令暂停或终止提供服务,还会面临高额的罚款。关于行政责任的规定,《个人信息保护法》没有明确地规定违反哪一条款,而是笼统地把责任范围设定在整部法律,这会导致两个结果:一是加大网络服务提供者的合规成本,[②]二是导致行政违法与刑事犯罪界限模糊。

关于网络服务提供者保护个人信息的义务设置,呈现出原则性和松散性的特点。如

① 参见乔榛、蔡荣:《〈民法典〉视域下的个人信息保护》,载《北方法学》2021 年第 1 期。

② 参见蒋红珍:《〈个人信息保护法〉中的行政监管》,载《中国法律评论》2021 年第 5 期。

《个人信息保护法》第57条中，发生数据安全事件时的通知义务，履行义务的时间、方式等都没有明确规定。反观欧盟《通用数据保护条例》，明确发生数据泄露时应当在72小时内告知，并规定“当个人数据泄露很可能给自然人的权利与自由带来高风险时”，需要通知数据主体。但《个人信息保护法》对在“采取措施能够有效避免信息泄露、篡改、丢失造成危害”的情况下可以不通知信息主体。网络服务提供者在个人信息保护层面可能成立的两项罪名——侵犯公民个人信息罪和拒不履行信息网络安全管理义务罪，无一例外地以一定程度的行政违法为前提。① 若义务与具体操作规则设计模糊，行政违法的依据又非常宽泛，网络服务提供者的合规成本就会大大提升，甚至导致刑事责任的范围不当扩张。

(三)刑法中个人信息的定义与前置法未保持一致

厘清公民个人信息的内涵与外延是刑法规制公民个人信息犯罪的逻辑起点。关于“个人信息”的定义，通说识别型说认为，“个人信息”是指可以用来识别自然人的信息。当前，民法、行政法、刑法中都有提及“个人信息”一词，但侵犯公民个人信息罪语境下的“个人信息”与前置法的定义存在差别。侵犯公民个人信息罪作为法定犯，其入罪前提必须包括“违反国家规定”，也即违反法律、行政法规的规定。触犯侵犯公民个人信息罪的行为必然同时具有行政违法的性质，因此不能出现在民法、行政法中合法的行为反而在刑法中构成犯罪的情况。对比最高人民法院、最高人民检察院《关于办理侵犯公民个人信息刑事案件适用法律若干问题的解释》和《网络安全法》《个人信息保护法》，两部个人信息保护相关的立法均强调法律所保护的是能以电子或者其他方式记录的与已识别或者可识别的自然人有关的各种信息，而最高人民法院、最高人民检察院司法解释中将“账号密码”“财产状况”等本身并不具有识别个人身份的功能的信息也纳入刑法保护的范围，对公民个人信息的界定过于宽泛，过度考虑刑法预防犯罪的功能而导致侵犯公民个人信息罪的犯罪圈不当扩大。②

(四)非法使用公民个人信息问题入罪争议

“互联网+”时代下大数据应用深入日常生活的各个角落，这也催生了多种新式侵犯公民个人信息的行为。但是，现行《刑法》所规定的“侵犯公民个人信息罪”只规定了出售、向他人提供、窃取、以其他方法非法获取公民个人信息这四种行为方式。《个人信息保护法》明确指出，对个人信息的处理是指对个人信息的收集、存储、使用、加工、传输、提供、公开、删除等。如果说“出售、向他人提供”是指对个人信息的提供、公开，“窃取、以其他方法非法获取”是指对个人信息的收集，那么存储、使用、加工、传输、删除则无法在该

① 参见许亚洁：《网络服务者的个人信息保护义务及其刑事责任》，载《青海社会科学》2021年第1期。

② 参见李怀胜：《公民个人信息保护的刑法扩展路径及策略转变》，载《江淮论坛》2020年第3期。

罪中找到对应形式。[①] 上述行为可以被统称为“使用”。近年来，网络服务提供者借助其掌握的用户个人信息绘制“用户个人画像”，从而进行价格歧视、发送大量营销短信甚至借助人工智能（Artificial Intelligence，AI）换脸技术伪造用户信息，相比于非法获取、非法提供公民个人信息的行为，个人信息被非法使用具有同样甚至更严重的社会危害性。有学者从法益侵害性、立法空白、法秩序统一、域外立法经验四个角度论证了将非法使用公民个人信息行为纳入侵害公民个人信息罪的必要性与可行性。[②] 笔者也认为，现行《刑法》应当实现对个人信息处理的全周期保护，对网络服务提供者非法使用公民个人信息的行为作出单独评价。

五、结语

“互联网 +”时代，网络服务提供者对个人信息有着强大的控制力，在巨大的利益驱使下，网络服务提供者侵害公民个人信息安全的行为屡见不鲜。《个人信息保护法》的正式生效，强化了对公民个人信息的系统保护，平衡了个人信息权益保护和个人信息合理利用，既赋予公民对个人信息进行掌控的多项权利，也对包括网络服务提供者在内的信息处理者设定了诸多义务，并强调了重要互联网平台的“守门人”义务。《个人信息保护法》并非信息保护的终点，我们要借助个人信息保护的法律体系，不断对其进行完善补足，为公民的个人信息提供多领域全方位的法律保护，也保证信息的交互流通，使互联网行业不断焕发新的活力。

① 参见喻海松：《〈民法典〉视域下侵犯公民个人信息罪的司法适用》，载《北京航空航天大学学报（社会科学版）》2020 年第 6 期。

② 参见刘仁文：《论非法使用公民个人信息行为的入罪》，载《法学论坛》2019 年第 6 期。

电信网络犯罪的现状与治理初探

——以连云港市刑事案件为例的分析

宋振中　季于翔*

摘要：在互联网信息技术快速推动社会发展的同时，电信网络犯罪也呈几何式倍增，不仅数量大、人数多、涉域广，方式也在不断翻新，行为越发隐蔽，专业化程度升高，甚至与之关联的网络黑产犯罪滋生蔓延至校园生活，严重破坏青少年成长环境，影响社会和谐稳定，人民群众反映强烈。面对电信网络犯罪案件的新特点、新情况，针对办案中遇到的跨区域、代际差、取证难等诸多问题，应全面贯彻习近平法治思想，坚持"全链条打击、精准化预防、一体化治理"思维，依法加大对电信网络诈骗及其关联犯罪的打击力度，多部门协作形成合力，协同推进网络综合治理。

关键词：电信网络犯罪　治理难题　防治重点

近年来，电信网络犯罪案件呈现出多发态势，以连云港市为例，2021 全年共起诉涉网络犯罪案件 257 件，涉案 989 人，件数和人数同比分别上升 57%、36%。与普通侵犯财产犯罪相比，电信网络犯罪呈现新的行为样态和法益侵害特性，诈骗手段不断"推陈出新"，如"杀猪盘""兼职刷单""网贷催收"等诈骗行为在陷阱设置、对象选择方面变得更加精准，涉案人员已向专业化、团队化发展，青少年群体更成为诈骗"新软肋目标"，不少在校学生沦为电信网络犯罪的"工具人"。本文以连云港市电信网络犯罪为蓝本，分析犯罪状况和治理难题，以期提出电信网络犯罪的综合防治之策。

一、电信网络犯罪的现状

在信息网络快速发展的时代背景下，电信网络犯罪持续高发，且不断迭代更新，已成

---

* 宋振中，江苏省连云港市赣榆区人民检察院检察委员会专职委员；季于翔，江苏省连云港市赣榆区人民检察院检察官助理。

为当前严重影响人民群众安全感的刑事犯罪。

（一）涉案领域众多，出现“新业态”

1. 网络借贷领域

一些不法分子借着网贷迅猛发展的“东风”，利用网络借贷不见面操作、贷款人处于欠贷弱势地位等特点，冒充网贷平台催收员对贷款人骗收还款。在连云港市赣榆区人民检察院办理的朱某某、陈某某、赵某某“假网贷催收”诈骗系列案件中，3 名犯罪嫌疑人组织多人在徐州、宿迁、赣榆等多地冒充网贷催收人员实施诈骗，形成购买信息、实施诈骗、取现转账一条龙的犯罪团伙，涉案金额达 700 余万元，涉案人员 81 名。

2. 金融投资领域

一些跨国电信网络诈骗犯罪集团以投资、炒股、虚拟货币等噱头，利用事先违法研发的“黑科技”，利用虚假炒指数、炒虚拟货币平台以及虚设“空壳公司”等方式骗取钱财。在连云港市人民检察院办理的蒲某某等人电信网络诈骗案件中，该犯罪集团假冒“易融财商”资深金融理财师，以提供网贷融资、信用卡融资、征信修复等服务为名，5 个月诈骗全国上万人，诈骗金额达 3900 余万元。

3. 婚恋交友领域

诈骗分子通过网络交友平台添加被害人微信、QQ 等寻找诈骗对象，以恋爱为幌子，获取信任后诱导被害人到事先搭建的虚假网络投资平台进行投资，通过更改后台数据等手段让被害人小幅盈利提现，再诱骗被害人不断加大资金投入，最后将网站、平台关闭达到诈骗钱财的目的。在连云港市赣榆区人民检察院办理的徐某某诈骗案件中，犯罪嫌疑人在境外通过名为“Soul”的社交软件伪造身份，虚构“富二代”人设，专挑已婚妇女或大龄女青年下手，以“恋爱”为由诱骗多名被害人向名为“中国石油”的虚假投资平台进行投资，实现“养猪到杀猪”的全过程，诈骗被害人 100 余万元。

（二）呈现明显专业化、链条化，上下游“黑灰产业”推波助澜①

1. 个人信息层层转手，为下游犯罪精准“供料”

不法分子在上游购买信息，信息通过层层转手、迅速传播，为下游犯罪提供了可乘之机。在连云港市赣榆区人民检察院办理的刘某某等 33 人诈骗案中，犯罪嫌疑人通过 QQ 从上线手中购买 3 万余条网贷平台逾期人员名单，为其下游诈骗团伙提供“料子”。诈骗团伙成员伪装成催收公司业务员，按照名单给网贷人员发短信、打电话或微信哄骗，甚至威胁、恐吓被害人。截至案发，该犯罪团伙共诈骗人民币 219 万余元。

2. “号商卡商”稳定供应，成诈骗产业“新助力”

随着“封号”“冻结”等网络监管力度的不断加大，以及“断卡行动”的深入进行，网络诈骗犯罪分子面临手机卡、银行卡巨大的供应“缺口”，大量“号商卡商”不惜铤而走险涌

---

① 参见张明楷：《论帮助信息网络犯罪活动罪》，载《政治与法律》2016 年第 2 期。

入市场，为网贷诈骗犯罪提供便利。从2020年至今，仅连云港市赣榆区人民检察院办理的涉手机卡、银行卡案件就有9件，涉案64人，参与其中的还不乏境外卡商。在陈某某等11人诈骗案中，犯罪嫌疑人朱某某通过网络软件联系到境外卡商，购买用于诈骗的手机卡和洗钱的银行卡12张，诈骗金额合计42万余元。

3. 网络技术公司提供技术支持，暗中帮助网络犯罪

一些网络技术公司及其工作人员为谋取利益，按照不法分子要求非法开发虚假平台或恶意刷榜，为上游犯罪提供了极大的帮助。在连云港市赣榆区人民检察院办理的蒋某某帮助信息网络犯罪活动案中，蒋某某及其团伙成员在明知其推广的App中可能涉及彩票、色情、赌博、金融等违法犯罪行为的情况下，仍利用虚假刷榜、虚假好评、开发"积分墙"进行业务分包，为一些非法软件开发公司提供包装上架、广告推广等帮助，收取推广费用或者进行利润分成，非法获利5000余万元，形成了一条庞大的黑色产业链。

（三）借助新型社交工具和网络"黑科技"

近年来，随着互联网技术的迅猛发展，各种新兴网络社交工具不断涌现，极大地丰富和便捷了人们的网络生活。然而，通过对电信网络犯罪案件分析发现，如"积目""多卡宝""蝙蝠"等具有加密、匿名、伪装、搜寻特定用户等技术功能的新型网络社交工具，正被不法分子用于电信网络犯罪活动，为其实施犯罪提供极大帮助。

1. 目的交友平台成犯罪目标"搜索器"

一些社交软件具有根据特定目的搜寻、匹配用户的交友功能。不法分子利用这一功能即可快速锁定目标，以便实施犯罪活动。如"积目"社交平台通过主打年轻人热衷的潮流兴趣来吸引大量会员注册，会员可通过目的语言系统找到交友目的一致的人。在连云港市人民检察院办理的韦某某等20人掩饰隐瞒犯罪所得案中，其上游为专门从事网络敲诈勒索的犯罪团伙。该团伙通过安排年轻女性在"积目"软件上设置"宅""恋爱""Party"等类别的目的语言系统及年龄、性别等条件，快速找到具有相应目的的男性用户，引诱被害人下载已植入木马程序的直播App进行裸聊，随后录制裸聊视频、盗取被害人通讯录，以向通讯录亲友发送裸聊视频相威胁，共敲诈勒索65名被害人180余万元。

2. 多卡多待设备成犯罪手段"放大镜"

GOIP，又称"洛曼宝"，是一种网络通信的硬件设备，它能将传统电话信号转化为网络信号，可支持多个手机号同时通话，并支持群发短信、远程控制、卡机分离等功能。本来是方便公司企业通讯的设备，却被不法分子用于电信网络诈骗，方便其通过发短信、打电话等方式实施犯罪，并实现不法分子人机人卡分离、隐瞒身份、逃避抓捕的目的。在连云港市赣榆区人民检察院办理的张某某、王某某等3人诈骗案中，在上家诈骗分子的安排下，王某某、杨某某负责办理、回收大量手机卡，张某某负责架设"洛曼宝"设备驾车四处流窜，在短短一周内就诈骗了37万余元。

3. “阅后即焚”功能成犯罪活动“隐形衣”

当前，为迎合用户隐私保护、自由交流的需求，很多社交软件具有加密、匿名、销毁聊天记录且无法恢复等功能。不法分子利用这些功能，通过这些社交软件实施诈骗、侵犯公民个人信息等犯罪活动。如 Telegram 境外即时通讯软件，具有极强的匿名功能，除信息端对端加密外，还具有“阅后即焚”——聊天记录定时销毁功能，对外宣称“自由且绝对安全”，平台内公然成立传播色情淫秽视频群、公民信息查档群等。在连云港市人民检察院办理的乔某某等 8 人侵犯公民个人信息案中，该团伙通过 Telegram 软件出售公民个人信息，并利用虚拟货币进行交易以逃避打击、洗白赃款。该团伙被抓获后，因平台具有定时清除聊天记录的功能，致使公安机关难以核证出售公民个人信息的具体数量，给打击犯罪带来极大难度。

（四）成为校园高发案件，“网络黑手”伸向在校学生

随着电信网络犯罪的参与群体逐渐向年轻化发展，不少在校学生被蛊惑利用，将个人手机卡、银行卡出售、出租给不法分子用于涉案资金流转，成为电信网络犯罪活动的“工具人”。

1. 对兼职陷阱不警惕，受金钱诱惑误入歧途

面对就业压力增大、物价攀升以及消费欲望膨胀的境遇，很多在校学生通过兼职赚钱以满足需求，但因涉世不深，社会经验缺乏，法治意识淡薄，在金钱的引诱下，很容易被兼职、招工的幌子所迷惑，误入歧途沦为电信网络犯罪的“工具”。在连云港市海州区人民检察院办理的孙某某、朱某某等 9 人诈骗、帮助信息网络犯罪活动案中，连云港市某中学学生贺某某伙同其同学陶某某从事所谓“网络兼职”，以“刷单”为由收购在校学生手机卡 13 张，并以 100 元一张的价格售出，获利 1100 余元。经查，上述手机卡被用于实施网络诈骗，涉案金额高达 80 余万元。

2. 对亲友蒙蔽不设防，不做深究而深陷泥潭

犯罪分子为简便、快速地获取更多的手机卡、银行卡，往往从身边的亲朋好友入手。在校学生因为社会阅历少、社会关系单纯，对于从事电信网络犯罪的亲友提出的所谓“求助”，多会不问缘由给予“帮助”，即使后来获悉自己的行为有违法犯罪可能，但易被亲友继续蒙蔽或碍于亲情难以推脱，间接为犯罪分子提供了助力。在连云港市海州区人民检察院办理的谭某某、邵某某等 6 人诈骗案中，武汉某学院学生阳某某在其亲戚邵某某的蛊惑利诱下，不仅将自己的支付宝收款码提供给对方使用，从中抽取提成，更是联系朋友、同学近 10 人为邵某某提供支付宝、微信收款码用于诈骗收款，涉案金额 1 万余元。

3. 对法律后果不戒惧，心存侥幸中铤而走险

社会各界对大学生“两卡”犯罪重视程度日益提高，公交车、商场等公共场所也都有相关预防犯罪的宣传，电信运营商营业厅在电话卡办理环节也要求须签署风险告知书。在校生在随处可见的法律宣传下，对提供银行卡、电话卡给犯罪的人使用可能涉及的犯

罪及其法律后果十分清楚,但出于“赚一笔就收手”“不可能查到我”等侥幸心理,反复多次将“两卡”提供给他人使用。在连云港市海州区人民检察院办理的陶某某、孙某某等9人诈骗案中,南京某职业学院学生陶某某在移动营业厅工作人员明确告知出借、出售手机卡存在法律风险的情况下,出于侥幸心理和谋利,仍将自己和好友的10余张电话卡出售给他人。经查,该手机卡被用于实施网络诈骗,涉案金额30余万元。

二、电信网络犯罪的治理困境和难题

(一)跨地域犯罪办理难度大

大数据时代,电信网络犯罪借互联网“东风”脱离地域限制,为犯罪分子跨地域、跨国界作案提供了便利,尤其是缅甸北部、老挝、柬埔寨等东南亚地区逐渐发展成为网络犯罪的“天堂”。公安机关不仅可能面临境外取证申请时间长、手续多、审批难和多头管辖、改变管辖权等问题,还容易贻误侦查时机,不利于证据的收集和固定。加之全球疫情蔓延,导致公安机关在实际抓捕过程中遭遇更大的挑战。面对跨省、跨国、多人、多地等因素,侦查工作既要运用网络技术手段,又要辗转多地,需要全国各地协同作战,及时收网,否则只能够抓捕到犯罪集团的最底层人员,上游的主犯很可能逍遥法外,大量涉案资金无法被查封、冻结,导致司法机关在追赃挽损方面很难开展工作,致使受害人无法挽回损失。

(二)犯罪手段升级打击难度大

智能化时代,电信网络诈骗犯罪手段不断升级,而打击治理方式却有所滞后,产生“代际差异”。犯罪分子运用高科技手段极强的更新性和多样化进行伪装,常采用变换网络身份、变换网站注册域名、变换银行账号等手段干扰、逃避公安机关侦查。还有犯罪分子甚至利用新技术平台,转移风险较大环节,这些平台可能处于监管的“真空地带”。实践中已出现专门利用“跑分平台”“区块链”等平台进行资金转移的职业“洗钱人”,其主要任务就是负责转移赃款,帮助上游实施“洗钱”行为。侦查机关通过调取后台数据、追踪赃款流向而找到的洗钱人与上游犯罪多为单线联系,往往并不知道实施上游犯罪行为人的具体情况和身份信息,其行为可能只涉及洗钱犯罪和帮助信息网络犯罪活动罪,无法为追查上游犯罪提供帮助,导致侦查工作陷入僵局。

(三)证据获取、证据效力认定难度大

电信网络犯罪证据多表现为电子信息形式,造成证据提取难、固定难。及时发现、提取、固定与案件相关的电子数据,需要专业的技术手段和办案条件,即使成功提取电子数据后能够证明涉案机器、IP地址、手机、微信账号等,也难以确定涉案机器或账号的所有者就是实际使用者。因此,证明电子数据的真实性与案件的关联性,是让电子数据在办案庭审中“说话”的关键。此外,电子数据很容易被犯罪分子销毁且难以恢复,这也增加侦查机关对犯罪证据的收集难度和举证压力。实践中,除了提取电子数据,通常还需通

过犯罪嫌疑人口供、证人证言等补强证据,但此类补强证据在效力认定方面存在单一性,在法庭上容易遭受质疑,导致证据链条并不扎实。①

(四)黑灰产业链综合治理难度大

电信网络犯罪呈现明显的集团化、产业化、智能化状态,表现出跨部门、跨行业色彩,催生出大量为电信网络犯罪提供帮助、从中获利的黑灰产业链。这些产业链的上中下游分工明确,上游提供技术工具,制作木马病毒,通过网页、邮件等形式"挂马",诱导用户访问下载并在用户电脑中种植木马软件,以此来获取用户电脑中的信息;中游将获取的用户账号、密码等信息通过数据平台清洗后以用户信息为对象直接转卖获利;下游则以电信网络诈骗等形式将获取的数据变现。这些"次生犯罪"和上游犯罪互为屏障,极大增强了犯罪隐蔽性,有时仅能进行个案打击,难以摧毁整个黑灰产业链。

三、如何防治电信网络犯罪

(一)增强公民的防范意识,提高自身辨识能力

首先,公民要有个人信息安全保护意识。不要轻易透露个人信息,如个人身份信息、银行卡、社交媒体、网络购物平台的注册账号、网络支付账户及物流信息,均要妥善保管。拥有海量信息数据的政府、企业和社会团体,也要加大保护信息数据安全的力度,防止公民个人信息泄露。其次,公民要有网络安全意识。不要点击浏览安全风险未知的链接和涉及违法的网站,一旦发现非法链接和钓鱼网站要及时向微信、QQ 和网络安全举报中心进行举报和反馈。最后,对陌生人要有防范意识。对于陌生人通过电话、短信、微信等推荐投资理财及各类产品,或通过社交软件申请添加好友,要引起警觉和注意,特别是涉及金钱交易的情况,更要保持警惕,要第一时间核实对方的身份,即使对方自称是"熟人",也要反复确认,如果无法辨明真假,必要时向公安机关咨询,避免上当受骗。

(二)加强普法宣传引导力度,强化预防预警工作

随着 2022 年 4 月中共中央办公厅、国务院办公厅印发的《关于加强打击治理电信网络诈骗违法犯罪工作的意见》等相关规范性文件的实施,司法机关要构建严密的防范体系,坚持打防结合、防范为先,强化技术反制,建立对涉诈网站、App 及诈骗电话、短信处置机制。强化预警劝阻,不断提升预警信息监测发现能力,及时发现潜在受害群众,采取劝阻措施。强化宣传教育,建立全方位、广覆盖的反诈宣传教育体系,开展防范电信网络违法犯罪知识进社区、进农村、进家庭、进学校、进企业活动,向群众尤其是青少年普及电信网络犯罪的常见套路和典型案例,提高识别和自觉抵制电信网络犯罪活动的意识和能力。

① 参见陈兴良:《"应当知道"的刑法界说》,载《法学》2005 年第 7 期。

（三）加大对上下游犯罪打击力度，最大限度挽回经济损失

坚持依法从严惩处，打击电信网络犯罪，以专业化办理应对电信网络犯罪复杂化，主动借力借智，依托网络技术、知识产权、证券期货等专家辅助办案。坚持全链条纵深打击，依法打击电信网络犯罪以及上下游关联违法犯罪，根据2019年11月1日施行的最高人民法院、最高人民检察院《关于办理非法利用信息网络、帮助信息网络犯罪活动等刑事案件适用法律若干问题的解释》，加大上下游犯罪查处力度，特别是侵犯公民个人信息、为诈骗犯罪分子提供支付结算等相关犯罪的惩处力度，铲除电信网络诈骗周边犯罪产业链。健全涉诈资金查处机制，及时提取、梳理投资平台的后台数据，从平台资金账户、犯罪分子个人账户入手，倒查资金流向，及时冻结相关出入资金账户，通过资金流向发现处置线索，及时扣押涉案相关财物，阻断诈骗资金的转移和处置，最大限度追赃挽损。

（四）形成多部门协调工作机制，提升综合打击治理能力

多部门合作，才能有合力效应。检察机关应当与公安机关、工商、金融、文化等相关单位建立联席会议、快速反应、情报信息通报等制度，通过行政执法与刑事司法相衔接，提前介入，了解案发情况、犯罪手段、获赃渠道等案件信息，完善案件移送、引导取证、侦捕诉衔接等，避免出现职能交叉现象和管理盲点。银行部门负责涉案资金拦截以及配合资金流侦查，电信企业负责关停涉案电话号码以及配合开展信息流侦查，形成打击治理电信网络犯罪“信息共享、合成作战、快速反应、整体联动”的整体架构，全面开展境内境外窝点和全犯罪链条研判，专门打击和有效合作共同发力。政府要与大型互联网公司建立信息互通和联动机制，共享安全威胁信息，共同监督管理。互联网公司应积极承担社会责任，运用科技手段，对电信网络诈骗发挥预警、阻断作用。市场监督管理部门和银行监督管理部门应转换以登记报备为主的执法监督模式，整顿规范电信网络市场，对互联网公司实体经营情况开展线上与线下并行监督，全面提升防范和打击网络违法犯罪的整体合力，进一步彰显打击能力。

检察委员会

检察长列席法院审判委员会制度必要性和改革方向探讨

杨耀红　张　雷*

摘要:检察长列席审判委员会制度是一项重要的审判监督制度。全国各地检察机关从2018年以来利用该制度积极开展监督工作,但也受到关于列席制度影响审委会决策、破坏诉辩平衡等方面的质疑。针对上述质疑,从审委会决策程序、运行规则、责任承担及对审委会监督形式等方面进行考察,可以得出检察长列席审判委员会具有必要性的结论。在改革方向上应突出列席检察长自身职能行使,开展审判监督,并对列席案件的范围做必要限制。

关键词:检察长　列席　审委会　审判监督

2018年6月11日,最高人民检察院检察长张军列席了最高人民法院召开的有关抗诉案件的审委会会议,发表了相关意见,宣告检察长列席审委会这一制度被正式激活,2018年10月26日修订的《人民法院组织法》及2019年8月施行的《关于健全完善人民法院审判委员会工作机制的意见》(以下简称《意见》)对检察长列席审判委员会制度进一步确认。之后,据统计,2020年1月至6月,全国各级检察机关检察长及受检察长委托的副检察长共列席法院审判委员会4133人次,同比上升10.8%。① 但这一监督制度从1954年诞生以来就一直受到社会各界,特别是律师和部分学者的质疑。纵观检察长列席

---

* 杨耀红,江苏省太仓市人民检察院副检察长;张雷,江苏省太仓市人民检察院刑检三部检察官。

① 参见孙凤娟:《最高检发布上半年检察机关主要办案数据》,载《检察日报》2021年7月26日,第1版。

审委会制度在法律上和实践中的演变,可谓筚路蓝缕,有研究者将其概括为“实践—虚设—实践”的过程。[①] 但随着近些年检察长列席审委会制度的全面铺开,也出现了一些质疑的声音,律师界甚至出现了被告人的辩护律师要求同等列席审委会的呼声,已经有个别法院邀请了辩护律师列席审委会。笔者尝试分析该制度是否对会对审委会制度、审判制度造成负面影响,分析该制度存在的必要性,提出改革方向。

一、检察长列席审委会制度存在的必要性

(一)从审委会的自身特点和改革需要来看,检察长列席审委会制度是适合现阶段有中国特色的审委会制度的,是符合司法改革方向的

审委会制度的民主集中制、集体决策原则的涉及保证了审判质量,但该制度运行中的“秘密性”“运行规范性”等短板制约着人民群众对审委会制度的信任和对司法改革的期待。党的十八届四中全会提出构建“开放、动态、透明、便民的阳光司法机制”,最高人民法院发布的一系列司法政策性文件对于审判流程公开等不断强调和深化,这些都督促着以“秘密性”为内核的审委会制度进行改革[②]。但审委会制度在我国法律发展过程中起了重要的作用,民主集中制原则更是我们党和国家在各方面工作都取得胜利的法宝之一。从抵御人情和行政压力来说,集体的审委会往往比单个法官更具有防御能力,因此现下讨论废止审委会制度为时尚早,在原有的制度上进行改革才是可行之计。改革开放这么多年的经验告诉我们,渐进式的改革一直是社会诸多领域的成功之路,司法领域同样也不例外,一废了之不是正确的改革之道。监督可以解决秘密性和规范性的问题,最高人民法院前院长肖扬曾说:“扭转目前法院工作的被动局面,解决裁判不公问题,一定程度上寄希望于审判监督。”[③]

从监督的主体来看。检察机关最适合作为监督的主体。根据我国《刑事诉讼法》的规定,检察机关的一项重要监督职责就是审判监督,所有行使审判权之主体或者对审判权之行使产生影响、支配作用之主体,均是检察机关实施审判监督的应然对象;所有已经或者可能妨碍审判公正及其彰显之情形,均处于检察机关审判监督的范围,[④]因此中华人民共和国成立初期就有了检察长可以列席审委会的权力设置。审委会作为法院审判法庭的有效延伸,是疑难复杂案件最重要的决策机构,审委会的决议将直接成为裁判文书裁判的重要内容。因此审委会决策过程和决策程序、承办人的汇报、委员的发言,都不应

① 参见山东省肥城市人民检察院课题组:《检察长列席审委会制度研究》,载《国家检察官学院学报》2010 年第 1 期。

② 参见卢希起:《检察长列席审委会会议制度思考》,载《法商研究》2020 年第 3 期。

③ 蒋炳仁:《检察长列席审判委员会制度研究——兼论检察长列席审委会制度正当性》,载《法学杂志》2010 年第 11 期。

④ 参见卢希起:《检察长列席审委会会议制度思考》,载《法商研究》2020 年第 3 期。

该排斥抗拒检察机关的审判监督,否则审委会很难在疑难复杂、政治敏感、争议较大的案件面前靠自身作出强有力的解释,因而审委会应当对检察机关的审判监督持开放态度。另外,从其他大陆法系国家的法律习惯看,如法国的检察长就有可以参加法院解决各种问题的法官会议并发表意见,法官和检察官对案件办理和司法政策的沟通协商机制的制度,对保证法律的统一实施和司法权的公正行使发挥了积极作用。①

从监督的时机和形式来看,我国法庭上的审判监督表现为出庭的公诉人对庭审程序有监督权,但尊重庭审的完整性,待庭审后再行使监督权。监督时机分为事先监督、事中监督和事后监督,而审委会的秘密性和即时性决定了检察长列席是最可行的监督方式。审委会会议一旦结束,单靠会议记录难以提供监督所需的"还原"的审委会活动信息,检察机关不可能像在侦查、庭审、执行阶段,凭借阅卷和举报、投诉,获得履行监督的充分信息。审委会的监督类似于,但又不同于庭审监督。庭审具有对抗性,控辩审三方的权利可以现场互相牵制,公诉人身临其境,然后事后发出监督。但是审委会只能指派检察人员在审委会决议问题时现场收集监督信息,尤其是审委会通常只是一次性会议,审委会委员现场观点的分歧不足以形成对抗性互相监督,因此不管是汇报的内容,还是审委会的运行程序,不可能等待检察机关仔细考虑是否提出监督意见,也不可能等待检察机关指派临会人员将审委会决议的相关情况报告检察机关,经讨论后再正式提出监督意见,而是原则上要求检察机关在场即时提出监督意见以便即时议决和回应。② 因此,最合适的方法就是具有监督决断权的检察长列席,进行临场监督。如果不采用检察长列席的方式即时对审委会决议过程进行审查,假如对审委会形成的会议记录,甚至对审委会同步录音录像进行审查,不但难以反映会议原貌,也容易引起审判机关的反感,引起对审委会的监督是否过细、是否上纲上线的质疑,案件讨论的细节被放大审视可能会出现误读,因此现场监督、及时反映是当下对审委会最好的监督方式。

综上,引入检察长列席制度可以填补法院内部决策的监督空缺。是制衡审委会制度秘密性、可能出现的程序不规范的最好手段。符合现有审判监督的改革需要,契合我国现有的检察监督框架的制度设计,可以提高重大疑难复杂案件审理的透明度,达到从法院外部介入进行权力监督制约的目的。检察长列席制度是让审委会制度向着透明方向发展的有益尝试,也有利于审判权排除非专业的舆论性质疑、维护法律共同体的专业性,树立经过审委会程序案件的决策权威性,符合司法改革的目的,对于推进审委会制度改革具有积极意义。该制度不仅具有存在的必要性,而且承载着维护司法公正、提高诉讼效率、降低诉讼成本的重要价值。③ 全国人大代表、陕西省律师协会副会长方燕也表明,

---

① 参见最高人民检察院法律政策研究室:《检察长列席审委会会议制度的立法完善》,载《检察日报》2019 年 4 月 14 日,第 3 版。

② 参见卢希起:《检察长列席审委会会议制度思考》,载《法商研究》2020 年第 3 期。

③ 参见陈濂、柯葛壮、田欢忠:《检察长列席检委会制度合理性研究》,载《东方法学》2010 年第 4 期。

"检察长列席人民法院审委会会议，是贯彻落实习近平新时代中国特色社会主义思想的重要举措，是实现审判监督多元化的有效途径，也是近年来推进司法改革的一项重要内容。列席制度是审委会制度的重要补充。应将检察长列席制度与审委会改革有机结合，共同促进审判工作和检察工作的良性发展"。①

（二）检察长列席审委会并未破坏审委会的决策权和责任制

有观点认为，检察长列席审委会破坏了审委会成员决策的独立性，甚至影响审委会决策权和责任制，导致权责不明，认为列席检察长的发言给案件承办法官、审委会成员讨论和表决造成压力甚至影响合理的决策。检察长列席是否影响审委会决策权和责任制，重点要看检察长的具体权限和行为。检察长列席时监督、考察的重点包括：审委会的组成及决议规程是否合理或者合法，是否贯彻了民主集中制原则；承办案件的法官汇报的情况是否全面、客观；审委会对案件议决的过程是否围绕案件进行，是否掺杂了不必要的案外因素。有业务过硬的审委会成员、安排和进行得当的审委会程序、能把握好讨论焦点的主持人，审委会成员的决策是不会受到检察长列席影响的。

有些人认为，检察长在审委会的列席监督是虚，商谈案情为实，审委会实际成为一个商谈决疑的场所，②检察长列席不可避免地会对决策权造成影响。笔者不否认审委会是一个法检双方对案件交流的场所，但检察监督不是居高临下的监察，也不是纯粹不理事实只盯紧程序，检察监督是一个动态的过程，良好有效的监督需要深入到案件讨论中。列席的检察长不仅需要在案件讨论中实时监督，还要关注审委会对公诉意见和辩护意见之间的区分、平衡、取舍，既要防止审委会成员因各种影响随意对被告人出入罪，又要防止审委会成员没有全面考虑证据，造成对被害人合法权益的轻视。在审委会中沟通交流当然必不可少，但不代表监督已经发生偏移或转化，不可否认商谈决议在列席审委会中存在，但其实这只是法律监督的一种外相，并非功能异化。③ 因此，检察长和审委会对案件的讨论不会影响审委会的案件决策，相反会更加方便开展实时监督。

检察长以法律监督者的身份列席，并未实际加入对案件的最终决断，无所谓权力僭越、替代决策。检察长参与方式是列席，并不是作为审判委员会委员，所发表的意见只是监督意见或建议，并非对案件的表决或命令，真正决定案件的仍然是审判委员会。法院审委会成员并不是在"服从"检察长的意见，而是自主决定是否采纳检察长的意见。④ 当审判委员会对案件做出错误判断导致裁判错误的，按照"让审理者裁判，让裁判者负责"

① 参见王丽丽：《检察长列席审委会，利于共同提高案件质量》，载《检察日报》2019 年 6 月 17 日，第 5 版。

② 参见刘婵秀：《检察长列席审委会制度实证考察》，载《国家检察官学院学报》2014 年第 3 期。

③ 参见汪存峰、余丰泳：《刑事抗诉视角下检察长列席审委会的法律监督职能》，载《中国检察官》2016 年第 19 期。

④ 参见董坤：《检察长列席审委会会议：新时代法律监督权的巩固和发展》，载《广西大学学报（哲学社会科学版）》2020 年第 1 期。

的原则,由相关人员承担司法责任。[①]

综上,检察长列席制度没有破坏审委会的决策权和监督权,不是制约而是强化了"以审判为中心"的诉讼制度改革,是为了审委会全面、正确审查案件,保障审委会程序正当合法。

(三)检察长列席并未破坏诉辩平衡原则

律师界主要担心检察长列席可能会演变为"第二公诉人""影子公诉人",在审委会打破法庭的控辩平衡。

首先,该制度没有影响律师的辩护权。《刑事诉讼法》在庭前程序、庭审程序中都充分赋予了律师辩护权,办案机关也充分听取了律师的辩护意见。审委会上检察机关的法律意见不会有变化,检察长只是法律监督下的列席参与。控辩双方的意见已在开庭时得到了充分表达,都应当得到了同等的重视和对待,审委会上不允许检察长尤其是在对方缺席的情况下补充、修改原检察意见。至于有些人担心检察长履行公诉人职责,实际上,审委会制度有严格的规定,不存在检察机关提供新证据、发表新的公诉意见的环节和空间。检察长在列席时的职责不等于公诉人的职责,列席的目的也不是强化指控犯罪,而是开展审判监督。

其次,从权利设置来看,检察长的地位是列席。有些律师界的人士根据《意见》第 18 条的规定,必要时可以邀请人大代表、政协委员、专家学者等列席。在征得会议主持人同意的前提下,列席人员可以提供说明或者表达意见,但不参与表决。以上人员可以提出要求和检察长平等列席审委会参与个案讨论。但是这些观点没有注意到人大代表、政协委员、专家学者的身份性质,他们出席是为了倾听民情、适时发表非法律专业的意见。结合《意见》出台背景和语境分析,该法条本意不包括个案辩护律师,即使包括律师一般也是有人大代表、政协委员身份的律师代表或律协代表,他们发表的是非个案的专业意见,而非个案的辩护意见。还应注意到,《意见》第 18 条后专列的第 19 条表述检察长有权列席审委会的条款,也说明了检察长列席不同于上述人员的列席,检察长列席承担着审判监督任务。由于司法责任制的存在,没有法官会将自己的决策完全建立在列席人员意见的基础上,不管发言人是什么身份,审委会委员在责任制的约束下会自觉地将注意力集中在发言内容上,而非发言人身份上。对于严守审委会议事规则并提前阅卷,有法学素养的审委会委员来说,担心检察长的发言会误导他们并无必要。

最后,盲目追求形式平等才更容易走入司法改革的歧途。如果盲目追求列席的形式

---

① 对于审判委员会的审判责任,《关于完善人民法院司法责任制的若干意见》规定,"审判委员会改变合议庭意见导致裁判错误的,由持多数意见的委员共同承担责任,合议庭不承担责任。审判委员会维持合议庭意见导致裁判错误的,由合议庭和持多数意见的委员共同承担责任。合议庭汇报案件时,故意隐瞒主要证据或者重要情节,或者故意提供虚假情况,导致审判委员会作出错误决定的,由合议庭成员承担责任,审判委员会委员根据具体情况承担部分责任或者不承担责任"。

平等，让辩护律师也列席作为制衡人民检察院的力量，才会导致审委会异化为“二次庭审”“第二法庭”，将会违背本应加强对审委会监督的初衷，将审委会变成又一个诉辩辩论的战场。那样才是对审委会制度、审判制度的破坏。

二、检视并改进检察长列席审委会制度

当然，在检察长列席审委会制度面对社会各界，特别是法律理论界、律师界的种种质疑时也不能无动于衷、充耳不闻，检察机关应该以实际行动和自我约束回应质疑。笔者认为，检察机关应当在以下几点规范、改进、加强检察长列席审委会制度。

（一）检察长（副检察长）应充分准备、亲自列席审委会

检察长或副检察长应当亲自列席审判委员会，而非派其他人员，如检察委员会委员、业务部门负责人代替检察长（副检察长）列席，特别注意不宜带公诉人作为助手，尊重《人民法院组织法》及列席审委会制度的安排，苦练内功，做好准备工作。

2018 年修订的《人民检察院组织法》和《人民法院组织法》规定，检察长委托的副检察长，可以列席同级人民法院审委会会议。从形式上讲，作为检察业务领导者的检察长列席审判委员会，既符合对审委会这一法院最高业务决策组织实施法律监督的能力要求，又体现了检察机关对同级人民法院的尊重。① 检察长能实施即刻决断的监督事项，其他检察人员不便对监督事项作出判断或者决断，只能就案论案，容易将列席重点放在案件讨论上，违背了履行审判监督的初衷。

但一些地方检察机关纷纷出台变通做法，允许检察长委托检委会成员、部门负责人、案件承办人作为助手参加审委会，如上海市高级人民法院、上海市人民检察院《关于检察长列席审判委员会会议的若干规定》第 3 条规定：“检察长因故不能列席审判委员会会议的，经人民法院同意可以指派副检察长或检察委员会委员列席。”广东省高级人民法院、广东省人民检察院《关于检察长列席审判委员会会议的若干意见》第 3 条规定：“检察长因故不能列席会议的，可以委托副检察长或检察委员会委员列席。检察长、副检察长或检察委员会委员列席会议，均可带助手出席。”这里的助手，可能是部门的负责人、检察官或其他人。另外，江西省检察机关在审委会增加了检察院承办人列席发表意见的环节。② 如果说检察委员会委员可以受检察长指派出席算是小的制度突破，带助手这一做法则是大幅度突破了该制度，授人口实。在一些律师眼中，审委会列席变成了公诉人和法官的“密谋”会议，更可能造成大众误解法院和检察院进行案件“互通”。

2018 年张军检察长列席了最高人民法院的审委会后，各级检察院形成了积极、浓厚

---

① 参见陈濂、柯葛壮、田欢忠：《检察长列席审委会制度合理性研究》，载《东方法学》2010 年第 4 期。

② 参见赵盛和：《检察长列席审委会制度的改革和完善——关于制度价值定位和制度规范完善的思考》，载《法治论坛》2012 年第 2 期。

的领导带头办案、监督的氛围。张军检察长强调,检察长列席审委会是履行法定职责,也是领导干部带头办案的重要方式,要持之以恒地坚持下去。① 作为非案件承办人的检察长如何履行好列席审委会职责,有效、有底气地监督审委会,笔者认为应当建立检察长列席审委会准备机制。

应当对列席的案件进行预判和准备。目前检察长列席审委会基本都是受邀列席,启动与否由审判机关控制,如若法院不通知,检察机关如何知晓、如何启动非常被动。为确保启动程序的严肃性、规范性,可以考虑建立检察长列席预警启动机制,对可能进入审委会的案件进行预警,建立可能进入列席讨论的案件库,做好文书和电子卷宗收集。法院应当尽早通知检察机关列入审委会议事日程的案件,给检察长以充分的准备时间,对即将进入议程的案件开始准备。检察机关内部应当形成列席案件准备机制,根据法院通知的会议议题分类,对于具体案件召开检察官联席会议,检察委员会作出初步讨论,形成列席意见供检察长参考。在检察委员会召开之前,可以考虑召开由法院、检察院的承办人、分管领导参与的联席会议,就证据采信、事实认定、法律适用交换意见。

通过上述准备工作和阅卷,检察长在列席审委会前要全面了解案情、精准全面把握案件的争议焦点。在全面了解案情的基础上,要对案件争议焦点进行分析,了解法院对类似案件的处理意见,做到对案件争议焦点全面精准把握,就犯罪事实认定、案件定性、法律适用、量刑建议等形成有理有据的准备。还应考虑在社会的引领作用、群众对司法的获得感等基础上形成逻辑严密、论证充分的法律意见。②

(二)参加列席时工作重点放在监督上,在既有案件事实和法律框架内开展审判监督

检察长列席审委会所扮演的监督者角色与公诉人角色不做明晰、实质的区别和切割是律师、司法理论界部分人员所担心的。检察机关应当在规则内明确检察长列席一律不提出新证据、不发表新公诉意见、不修改原公诉意见,只在公诉人的原公诉意见内立论、讨论,如无必要不重复公诉意见,除非法官汇报失实或审委会委员误解公诉意见,将列席工作聚焦在法律监督上。

如果发现检察机关在庭审上确有公诉工作失误,应在列席审委会前解决,如庭审时公诉意见发表有误、遗漏犯罪事实等。要保证不将案件带“病”进入审委会,发现带“病”的情况及时叫停审委会的安排,不寻求在审委会上直接解决公诉失误。在参与审委会决议过程中发现确有事实和法律认识上的重大错误、失误,已经超出了控辩双方原来认定的事实、主张的意见的极端情况,需建立审委会中断机制。如果出现实质性的事实认定错误或法律适用错误,导致必然会出现审判错误或抗诉的情况,不必坚持按照原公诉意

---

① 参见徐盈雁:《“破题”后如何“解新题”“答难题”——张军检察长在大检察官研讨班上的讲话解读》,载最高人民检察院网,https://www.spp.gov.cn/spp/zdgz/t20190720_425683.shtml,最后访问日期:2022 年 4 月 15 日。

② 参见庄永廉、刘荣军、徐汉明、丁维群、刘传稿:《检察长列席审委会制度的实践与发展》,载《人民检察》2019 年 1 期。

见进行完审委会议程,待审委会中断后重新通知诉辩双方再次开庭,在庭审中解决上述问题后再行召开审委会。这是在侦、控、审、辩几方都没发现事实真相、法律适用错误的极端情况下才可能发生的情况,现实中发生的可能性极小,但仍可考虑建立审委会议程中断机制,这不仅有利于检、法双方慎重论证和妥当处置原则性分歧,尽可能降低和避免司法风险,而且有利于尽可能避免将在本级人民法院和人民检察院能够有效化解的争议提交上一级处理,降低上诉、申诉、抗诉的可能性,及时终结诉讼程序。有论者指出,将检察监督的重心从"纠错于既然"转移到"防错于未然"之上,事后性抗诉监督将会减少,法院裁判的既判力和司法权威将得以更好地维护,抗诉监督程序将成为实至名归的特殊救济程序。①

在检察长不发表新的公诉意见、不提供新证据的基础上能更有底气地履行监督。监督重点首先是监督合议庭汇报情况是否全面、客观。这项监督是其他监督的基础,最考验检察长把握案件事实的能力。在现实中,法官对事实的认定、对法律的理解和适用可能因为个体智识的欠缺而出现错误,需要由他人加以提示和纠正。② 要尽可能地避免因法院办案人员汇报案件时可能带有的主观性误差导致审委会委员作出错误判断。③ 这方面需重点监督法官报告案件是否片面、失实;是否故意隐瞒主要证据、重要情节或提供虚假材料;案件疑点是否排除,是否有待补充证据、技术鉴定;办案中是否侵犯当事人和其他诉讼参与人诉讼权利及其他合法权益等。④ 同时也要监督合议庭所汇报的内容是否遗漏或曲解了公诉人、辩护方的主张或意见,有没有夸大或隐瞒。关于是否可以对法官汇报的事实提出补充甚至质疑,笔者认为,只要在主持人允许的情况下,列席检察长不应拘泥于发言内容和时机,因为审委会的最终目的就是实事求是地还原事实,作出正确决策,降低冤假错案发生的概率。按照审委会议事程序,在适当的时机和主持人允许的情况下检察长可以予以补充,提出补充意见或纠正承办法官的错误汇报,对有争议的内容可现场查阅卷宗确认。

除此之外,还有法官在证据问题上容易陷入"证据的泥潭",即习惯于盯在单个证据上把每一个证据弄清楚,而忽视证据之间的整体性关联以及证据所勾连的事实意义,只要某一单个证据稍有瑕疵,就会影响他们对案件的整体判断。⑤ 这时,需要检察长展现业务水平和监督艺术,强调公诉意见的有关内容,帮审委会成员理清法律关系和逻辑关系,推进审委会进程。

---

① 参见卢希起:《检察长列席审委会会议制度思考》,载《法商研究》2020 年第 3 期。

② 参见卢希起:《检察长列席审委会会议制度思考》,载《法商研究》2020 年第 3 期。

③ 参见蒋炳仁:《检察长列席审判委员会制度研究——兼论检察长列席审委会制度正当性》,载《法学杂志》2010 年第 11 期。

④ 参见黄凯东、张建兵:《检察长列席同级审委会制度的完善——以 T 区人民检察院列席审委会情况为视角》,载《中国检察官》2019 年第 3 期。

⑤ 参见刘婵秀:《检察长列席审委会制度实证考察》,载《国家检察官学院学报》2014 年第 3 期。

(三)限制列席审委会个案的范围

律师界和社会大众对检察长列席审委会的担忧主要体现在检察机关对个案的影响,因此,可限制对特殊个案的列席,减少“对抗式”列席审委会。特别是上级司法机关已经审理的案件,检察机关不应寻求列席该类案件,发表与上级司法机关不同的意见,如禁止或严格限制检察长列席发回重审的案件。如有不同意见可先在本系统内部争取上级检察院支持,然后再通过适当的方式反映。以河北某县卞某通涉嫌敲诈勒索案为例,卞某通一审获刑 1 年 10 个月后上诉,案件被发回某县人民法院重审。合议庭审理后拟作无罪判决,提请审委会讨论。某县人民检察院检察长应邀列席审委会并发表意见,审委会讨论后采纳检方意见,再次判决卞某通构成敲诈勒索罪,判处其有期徒刑 1 年 10 个月。卞某通再次上诉至保定市中级人民法院。2018 年 12 月 19 日,保定市中级人民法院作出终审判决,改判卞某通无罪。①

对于该类法院系统已经通过重审基本定型的案件,检察机关无须试图通过列席审委会对抗上级法院的意见。这种对抗无论是否成功,给法律界和社会大众造成的观感都是试图利用检察长列席审委会影响法院判决,不仅危害检察长列席审委会制度,还会导致对司法权威的质疑。

① 参见李思宜:《辩护律师参与审判委员会议事机制研究》,载《福建警察学院学报》2020 年第 5 期。

智慧检务背景下对检委会工作的思考

王　敏*

摘要：检察委员会制度是中国特色社会主义检察制度的重要组成部分，具有决策、指导、监督功能。当前检委会工作呈现组织架构不合理、会议程序不规范、智慧检务建设水平落后等问题。为进一步提高检委会决策质量，应借助信息化、智能化检务技术，增强检委会委员履职能力，提升检委会办事机构工作效能，从会前、会中和会后三个阶段规范会议审议程序，完善检委会工作机制。

关键词：智慧检务　检委会工作　完善对策

近年来，随着人工智能技术的快速发展，科技与司法的联系日益紧密，在案件数量不断上升的背景下，科技强检、智慧检务的现实需求也越发迫切。覆盖各检察业务条线的智能辅助办案系统纷纷上线运行，在提供办案便利的同时，也对检察人员的信息化技能水平提出了更高的要求。本文立足检委会实际运行情况，从智慧检务的角度出发，为完善检委会工作机制提出一些意见和建议，以期更好地发挥检委会业务决策、指导、监督功能。

一、新时代背景下检委会制度之功能分析

检委会是检察机关按照民主集中制原则构建的业务决策机构，是我国社会主义检察制度中区别于西方的一种特有的制度。我国检察机关实行检察长负责制与集体负责制相结合的决策领导体制，检察机关由检察长领导，但检察工作中的相关案件和重大问题则由检委会讨论并作出决定，检委会制度具有决策、指导、监督功能。①

---

* 王敏，江苏省镇江市人民检察院研究室检察官助理。

① 参见廖焱清、王磊、沈红波：《检委会制度功能的发展与实现》，载《人民检察》2020年第14期。

(一)决策功能

在检委会制度的多项功能中,决策功能是与生俱来的一项功能,也是检委会其他功能产生的前提和基础,是其他功能发挥作用的先决条件。① 检委会作为检察机关内部最高业务决策机构,其作出的决策,案件承办人必须贯彻执行。

(二)指导功能

检委会制度的指导功能是指讨论决定如何在检察工作中贯彻落实国家法律、政策和同级人大及其常委会决议等重大事项、全局性的问题,总结检察工作经验,制定相关规范性文件,研究检察工作中的新情况、新问题并提出指导意见,指导检察工作依法规范开展。指导功能主要表现为审议制定检察业务规范性文件、审议检察业务条线或者专项业务报告、发布指导案例等。决策和指导功能直接来源于检委会讨论决定重大事项和案件,在实践中发挥了较好的作用。

(三)监督功能

检委会制度的监督功能是指检委会通过讨论决定特定案件、审查案件评查报告等形式,对检察长、检察官的司法办案活动及业务部门对工作部署的落实情况进行内部监督,防范司法不规范、不文明行为。从制度设计层面来看,虽然检察长负责制具有权责明确、决策效率高、行动迅速等优点,但也容易导致独断专行。我国之所以建立检察长负责制与集体负责制相结合的决策机制,既是为了发挥两种制度的长处,也是为了发挥检委会对检察长的监督制约作用。例如,对提交检委会讨论的案件,检委会办事机构在会前认真审查,检委会委员在会中对承办检察官进行提问等,都在一定程度上体现了检委会制度的监督功能。

二、存在的问题及原因分析

如何发挥检委会作用、检委会决策水平如何,直接关系到检察机关能否正确履行职责。但在检委会实际履职过程中,呈现以下几个问题:

(一)检委会组织架构不尽合理

1. 检委会委员年龄梯度结构不尽合理

检委会委员多是年龄偏大的资深检察官,优势是办案经验丰富,但也不可避免存在一些弱势,如对信息化技术接受程度慢、掌握不熟练。在司法实践中,有关上会案件的电子材料虽然能实现系统内流转,进行无纸化阅读,但部分委员还不太适应电子阅读,仍需要打印纸质版进行分发。由于案件材料较多,打印时只能选取一部分,不仅导致提供给委员的案件材料不全面,也一定程度上造成了纸质资源浪费。后续若对打印材料处理不当,还可能存在案件材料保管不善而泄密的隐患。

---

① 参见汪海燕、王宏平:《司法改革背景下检委会的职能定位》,载《国家检察官学院学报》2018 年第 1 期。

2. 专职委员履职不够规范

专职委员的履职范围应围绕检察委员会及其办事机构的全部工作，在检委会内部议事议案时，其应扮演相比其他检委会委员更高瞻远瞩地对议事议案发表决定性参谋意见的角色。[①] 但在实践中，“专职不专”现象普遍存在。一些检察院囿于案多人少，专职委员同时兼任重要业务部门的负责人，有的检察院的专职委员即便不兼任其他职务，也只是名义上的“专职”，实际上并不负责检委办工作，只是作为院领导在其他业务部门办案，有的检察院在专职委员的选任上过多考虑解决政治待遇。在这些情况下，专职委员很难精准履职，不能真正发挥出应有的作用。其实在2006年后，《中共中央关于进一步加强人民法院、人民检察院工作的决定》《关于进一步加强地方各级人民法院、人民检察院领导干部选拔任用工作有关问题的意见》《人民检察院检察委员会专职委员选任及职责暂行规定》等文件就对专职委员的职责做了较为明确的规定，但在各地实际执行中出现了偏差。而且，根据《人民检察院检察委员会专职委员选任及职责暂行规定》第6条的要求，专职委员应当分管检察委员会办事机构工作。但从目前实践情况来看，专职委员并没有做到。

3. 检委办人员力量配备不足、配置不尽合理

一方面，表现在员额检察官履职不到位。提交检委会讨论决定的案件多为重大、疑难、复杂案件或者重大事项，客观上对参与案件实体审查的员额检察官的业务素质提出了更高要求。然而，在实践中，检委办的员额检察官（基层检察院多由案管部门员额检察官兼任）并未发挥出实际的作用，而是由检察官助理、书记员代劳，因检察官助理、书记员难以承担实体审查的重任，只能进行形式性的审查把关。另一方面，缺少专门从事事务性的工作人员。《人民检察院检察委员会工作规则》（以下简称《工作规则》）第10条规定，检察委员会实行例会制，定期开会。在实践情况中，尤其是基层检察院，召开检委会会议的次数较频繁。一场会议从会前准备到会议结束涉及方方面面的会务工作，除了需要员额检察官进行案件实体审查之外，还要有专人负责沟通协调、会务保障等工作。但从目前实践情况来看，检委办人员多是兼职，经常导致顾此失彼。另外，随着检委会高质量建设要求的提出，对检委会会议记录和纪要的制作要求也越发严格、精准。由于记录人员难以做到当场同步速录，加之有的委员发言带有口音，给检委办及时制发记录和纪要带来不少难度。

（二）检委会会议程序不规范

1. 例会制度执行不够严格

《工作规则》第10条规定：检察委员会实行例会制，定期开会。但在实践中，临时动

---

① 参见彭志刚、吴新华：《再论检委会专职委员会制度的困境与出路——以专职委员角色定位为切入点》，载《法学杂志》2013年第2期。

议召开检委会的情形时有发生,很难做到《工作规则》第 14 条规定的"除特殊情况外,一般应当在会议召开三日前将会议通知、议程和案件材料或者事项材料等分送检察委员会委员、列席会议的人员和办案检察官或者事项承办人"。仓促上会,导致委员们在会前没有充足的时间阅读案件材料、查阅相关法律法规,不能对案情进行全面了解、精准分析,全凭承办人的案件汇报进行发言,在一定程度上影响了检委会的决策质量。

2. 承办人汇报案件重点不够明确

在实践中,大部分承办人在汇报案件时仅宣读上会的案件材料,少部分承办人在汇报案件时会制作 PPT 演示文稿,辅助说明案件、事项重点内容。但是,提交检委会的案件上会材料撰写质量参差不齐,有的动辄十几页,洋洋洒洒近万字。其中往往大量罗列案件证据材料,对案件事实和证据归纳不够精练,导致委员们的精力分散到证据判断和事实认定中,对法律适用、案件争议的焦点和需要关注的问题审议不充分。对于用 PPT 演示文稿辅助汇报的承办人,如果制作的 PPT 质量不高,反而事倍功半,在一定程度上转移了委员们的注意力,影响检委会的决策质量。

3. 审议质量不高

这主要体现在发问环节和表决环节混同、委员发表意见不明确。有的委员已经发问完毕,开始表决,而有的委员在表决过程中又进行发问,引得其他委员和承办检察官再次回到"提问—回答"的环节,导致会场议程混乱。有的委员发表意见含糊不清、模棱两可,认为提出这种处理意见有一定道理,另一种处理意见也有一定道理,从而不明确自己到底支持哪种处理意见。有的委员意见简单,仅发表"同意"或者"不同意"的表态性观点,并不阐明具体理由。这些都与《工作规则》第 18 条规定的"检察委员会委员应当围绕讨论决定的案件和事项发表意见,提出明确的观点,并说明理由和依据"相违背。检委会委员的意见和表决直接关系到案件的处理,涉及当事人的人身权利、财产权利等,关乎司法公正能否实现,责任重大。同时按照司法责任制的要求,委员应独立、客观、公正地发表具体明确的意见,要对发表的意见承担相应司法责任。显然,我们离上述要求还有一定差距。

4. 会议、记录纪要制作、分发不规范

这主要体现在检委会会议记录,纪要的内容、格式和分发对象不规范。有的检委会会议记录过于简单,对于委员的发言,仅记录表态性的意见,较少记录委员阐述的理由。有的检委会纪要格式不规范、内容不严谨,不能反映出会议的整体过程。在分发对象上,有的还允许委员在记录上修改自己的发言,这与《工作规则》第 27 条规定的"检察委员会委员不得要求或者自行在会议记录上修改已发表的意见和观点"相背离。

5. 决议的执行、跟踪督办不及时

《工作规则》第 32 条规定,办案检察官或者事项承办人应当在执行检察委员会决定完毕后 5 日以内填写《检察委员会决定事项执行情况反馈表》,连同反映执行情况、案件办理情况的相关材料，经所在内设机构负责人审核后送检察委员会办事机构。但从实践来看，承办部门的主动反馈意识较差，鲜有承办部门主动在5日内反馈执行检委会决议的情况，如果检委办工作人员不加以督促提醒，承办人几乎不会主动反馈，而检委会工作人员往往身兼数职，这种仅靠单方面人工督促提醒的方式很难做到不遗漏。

(三)智慧检务建设水平落后

1. 检委会会议室建设不达标

《工作规则》第37条规定，检察委员会讨论决定的案件和事项，其提交、讨论、表决、作出决定、执行和督办等均在统一业务应用系统中进行，全程留痕。据了解，目前能实现委员在议事议案子系统进行"表决"的检察院为数不多。另外，《工作规则》第27条规定，检察委员会讨论和决定的情况，由检察委员会办事机构进行录音录像并如实记录。囿于资金等问题，有的院并未进行检委会会议室改造，只是简单架设录像设备，同步录音录像，最后的呈现效果令人担忧。在当下不允许检委会委员查阅、修改会议记录的情况下，如有记录失当、保存不当丢失等情形，同步录音录像能起到补充的作用。如录音录像录制效果不佳，则无法还原当时的会议情景，实则对落实检察官司法责任不利。

2. 检委会委员会议系统操作水平不高

受办案习惯、年龄因素、计算机应用水平的影响，现实中，很多检委会委员并不习惯会前在统一业务应用系统中进行阅卷，检委会议事议案子系统在实践中的功能并未完全应用到位，多停留在会议签到阶段，系统中的会议记录、表决等其他功能并未真正使用。很多功能设置或对操作人员技能要求过高，导致推广受限，或运行情况不贴近实践，进一步加大了委员的使用难度。

3. 检委办工作人员对系统操作不规范

这主要表现为对统一业务应用系统和议事议案子系统操作流程不规范。虽然目前2.0统一业务应用系统中配备了操作演示视频，但视频并不能对所有的问题面面俱到，检委办秘书对系统的操作更多的是"老带新"加自行摸索模式，对于每个阶段需要哪些文书、文书内容如何规范填写等并无统一标准，均是沿袭以前的做法。尤其是检委办秘书调离岗位后，新接手人员更加无所适从，随意性较大。

三、改进检委会工作的几点建议

针对上述问题，结合检委会工作中存在的审议质量不高、会议程序不规范、跟踪督办不及时等问题，提几点改进建议。

(一)增强检委会的履职能力

1. 增强检委会委员、专职委员的履职能力

提高检委会议事议案质效，关键要提高委员的履职能力。第一，增强专职委员履职能力。要按照《人民检察院检察委员会专职委员选任及职责暂行规定》选任、配强检委会

专职委员,改变过去因照顾性、过渡性、政治待遇而任免专职委员的情况,将专职委员的司法专业性作为首要考量要素。第二,强化检委会委员素能建设。按照专业化的要求,配齐配强检委会委员,确保政治素质好、工作经验丰富、专业能力强的检察官进入检委会。同时要加强委员学习培训,通过集中授课、委员听庭、开展课题研究等多种方式,强化专业知识学习和实践能力锻炼,切实提高委员的政治素质和专业素能。第三,强化委员履职评议。按照检察人员业绩考评全覆盖的要求,进一步健全检委会组成人员履职考评、内部公示机制,完善组成人员出席会议情况、请假事由公示制度,将检委会委员履职情况纳入个人业绩考评。探索建立检委会委员退出机制,在委员因职务变动、身体健康等原因影响正常履职,或不具备履职能力和条件时,及时调整充实。

2. 提高检委会办事机构工作效能

基层检委办多与案件管理、检察技术、宣传等职能部门合署办公,囿于人少案多的矛盾,建议从以下几个方面提高检委办工作效能。第一,尽可能保证从事检委办工作的人员固定化并保障人员的相对稳定,由固定人员负责会务保障、记录纪要、执行督办、材料归档等事务性工作。第二,要加强技能培训,提高信息化操作水平。检委会委员和检委办工作人员要各司其职,熟练、规范使用统一业务应用系统,尽量减少系统外的人工流转,提高工作效率。

(二)规范检委会议题审议程序

检委会工作程序,从时间上可以分为会前、会中和会后三个阶段。规范检察委员会工作程序,可以从规范这三个阶段着手。

1. 规范会前程序

第一,严格执行检委会例会制度,遵守会议议题提请、审核程序,严禁临时动议、议题临时上会。第二,发挥好检委办的前置审核过滤作用。检委办要对办案检察官或者事项承办人移送的案件材料和事项材料进行审核,提出修改补充建议,并可以对案件和事项所涉法律问题提出意见,为检委会审议提供参考。具体而言,要做好议题的形式审查和实体审查工作。形式审查方面,针对上会的事项议题,要求承办部门或者承办人从文件制定缘由和依据、起草背景、起草过程、意见征求过程、条文说理等角度进行说明。针对上会的案件议题,检委办要围绕案件来源、当事人和其他诉讼参与人的基本情况、诉讼过程、审查认定的事实和证据、承办检察官和部门检察官联席会议的意见以及分管检察长意见和理由、法律依据等方面进行阐述。实体审查结束后,检委办应出具审查意见,整个过程应在统一业务应用系统内留痕。

2. 规范会中程序

承办人汇报时应抓住重点,用简明扼要的语言汇报案件,避免其他非重点内容过多分散委员精力,同时以 PPT 演示文稿辅助汇报。汇报结束后,部门负责人可进行补充说明,分管副检察长也可以进一步解释说明,但不能表决。在发问环节,可不必拘泥于顺序自由提问发言，待委员没有问题需提问时，可进入表决环节。表决环节按照“委员—专职委员—担任副检察长的委员—主持会议的委员”进行表决发言，最后由主持人（检察长或受检察长委托的副检察长）总结讨论情况，依据民主集中制原则作出最终决议。为了防止委员含糊不清、模棱两可的表决发言，检察长可以在会中适时提醒委员发表观点要明确，并阐述理由和依据。也可以充分利用议事议案子系统的表决功能，由委员在议事议案子系统中自行选择表决选项，从而避免含糊不清的发言。

3. 规范会后程序

要加强对检委会决定事项的跟踪督办，检委办应在会后及时制作检委会会议记录、纪要及决定事项通知书。对于会议记录，不允许委员在上面修改已发表的意见和观点；会议纪要经检察长或主持会议的副检察长审批后分送委员，并报上一级检委办工作机构备案。决定事项通知书要及时发办案检察官或事项承办人和有关内设机构执行。检委办应当及时了解办案检察官或者事项承办人和有关内设机构、下级人民检察院执行检委会决定的情况，必要时进行督办，重要情况及时报告检察长。

检察实务

以新时代检察理念推动检察高质量发展

江苏省南京市人民检察院课题组*

摘要：新时代检察理念是在司法体制改革、监察体制改革、诉讼制度改革三重改革叠加背景下，立足国家法律监督机关的宪法定位，顺应改革发展大势和司法工作客观规律，更好地满足人民日益增长的美好生活需要应运而生的。在第十五次全国检察工作会议上，张军检察长明确提出了新时代五大检察理念，对检察权运行方式、检察官履职方式的转变和重塑具有指导、引领和催化作用。可以从树立正确的司法观和职业观、建立良好工作机制、构建人才队伍保障几个层面检视检察理念中存在的问题，深化检察理念的践行。

关键词：新时代　检察理念　检察工作　高质量发展

一、检察理念的内涵和特征

（一）检察理念的内涵

检察理念，是指检察人员在司法实践和法律监督思维活动中形成的对"检察工作应然状态"的理性认识和主观要求，是检察人员对自身工作价值判断的内心标准和事业追求的价值取向。检察理念既形成对检察工作状况"应该是这样"的判断评价，也形成"我应当这样做"的工作方向指引和内生动力源泉。①

---

* 课题负责人：黄利民，江苏省南京市人民检察院党组书记、检察长；课题组成员：顾静，江苏省南京市人民检察院检察委员会专职委员；何志文，江苏省南京市人民检察院办公室主任；王红庆，江苏省南京市人民检察院法律政策研究室副主任；徐晓红，江苏省南京市人民检察院办公室副主任。

① 参见贾宇：《新时代检察理念研究》，中国检察出版社2021年版，第3－5页。

（二）检察理念的特征

检察理念对检察工作发展具有全局性、根本性、方向性、战略性指导作用。就检察理念而言，主要具有如下特征：

1. 检察理念具有指导性

理念是一种主客观统一，内化于主体中又主导、引导主体从事实践活动的高度抽象概括的精神原则。检察理念，就是对检察权本身及其发展规律的理性认识和整体把握，是一种支持、引导、判断检察人员的行为是否符合法律监督职责中应当一以贯之的时代精神、立法精神、政策方向、专业素养、职业道德等形而上要求的最为根本的思想和意识。检察理念并不直接作用于司法实践，而是通过检察人员将相关精神落实和作用于司法实践。由此可见，检察理念具有宏观指导性，是检察机关工作人员履行法律监督工作的行动指南。

2. 检察理念具有专属性

理念是引领指导具体工作中的共性认识和准则，但实践中往往根据理念所适用的范畴不同，其又可以划分为不同的层次。例如，社会主义核心价值观中的“自由”“平等”“公正”理念，在层级上就高于“罪刑法定”“罪责刑相统一”“无罪推定”等刑法理念。检察理念，是基于现实的检察工作实践，研究中国特色社会主义检察制度的本质价值、内在属性和根本规律，而不是其他领域和层面的理念，是新时代中国特色社会主义检察制度所独有的，凸显检察机关的独特精神内涵与特定的行为方式。

3. 检察理念兼具灵活性与稳定性

检察理念就其内容而言，更多地体现为包容性，即在坚持原则性的前提下，灵活适用，不拘泥于特定的形式，无须机械地执行法律。特别是在法律相关条文没有对现实情境作出明确规范的情况下，检察理念灵活性则更进一步地表现为依据立法精神和政策导向，依法审慎稳妥地作出处理，具有强大的补充性和适应力。同时，检察理念又具有相对稳定性。就其发展状态而言，在特定的经济社会等因素没有发生根本性变化的情况下，检察理念也不会发生根本性变化，而至多是局部的微调和执行方式的变化。

二、新时代检察理念的基本内容

在第十五次全国检察工作会议上，张军检察长站在新的历史方位，围绕“以习近平法治思想引领司法检察理念深化、变革”，提出了“五个坚持”新时代检察理念。具体为：

（一）坚持讲政治与抓业务有机统一

张军检察长指出：“检察机关是党领导下的国家法律监督机关和司法机关，讲政治是第一位的要求。”①政治性是新时代检察机关的根本属性，即“检察工作是政治性很强的业

---

① 参见张军检察长于 2018 年 4 月 17 日至 19 日在湖北调研时的讲话。

务工作,也是业务性很强的政治工作”①。新时代“政治性与业务性相统一”的检察理念要求:第一,坚守政治原则和政治方向,始终把党对检察工作的绝对领导、人民立场、服务中心大局作为检察工作的最高原则,确保检察工作始终沿着正确方向发展。第二,把讲政治落实到检察业务中。既要把政治原则融合到业务工作中,也要把业务工作统筹到政治原则统领下,在讲政治的语境中抓业务,在抓业务中讲政治,杜绝长期存在的“政治”与“业务”两张皮现象,从源头上消除“空头政治”,从而保证检察办案最大限度地发挥积极效应。

(二)坚持客观公正立场

2019 年修订的《检察官法》首次从立法上明确规定检察官应秉持客观公正的立场,体现了检察官的职业特色。我国检察机关作为国家法律监督机关,检察官不仅需要依职权担当追诉人的角色,还要承担更为重要的法律监督者角色,也就是在一定意义上超脱案件办理本身,而对案件裁判的是非曲直、公平正义做事后的评判和监督。② 检察官要坚守客观公正立场,“要”在中立,做到不偏不倚、不枉不纵、既无过度也无不及,维护法律的尊严和权威;“旨”在维权,保障当事人合法权益和公共利益,做公平正义的守护者。

(三)坚持在办案中监督、在监督中办案

办案和监督都是检察机关的主责主业,两者之间是相互配合、相互支撑、相互促进的关系。没有办案,法律监督就失去了着力点;没有办案力度,法律监督就失去了深化点。反之,没有监督,司法办案就失去了目标遵循;没有监督实效,司法办案就没有了价值追求。因此,在办案中监督、在监督中办案的理念,既要求在每一件案件的办理过程中体现法律监督效果,也要求把法律监督落实到每一个办案环节,做到监督与办案相统一,从源头上消除“空头监督”。只有办案与监督融合到业务中,才能真正体现检察履职的价值与意义。

(四)坚持双赢多赢共赢

检察监督职责是法定的纠错程序,提醒、督促办案机关重新审视案件并自我纠错。监督的目的是帮助被监督者解决问题、补齐短板、提升水平,共同推进严格执法、公正司法。因此,法律监督的价值不在于“你输我赢”,而是“双赢共赢多赢”。法律监督具有以下三个特性:第一,法律监督具有相对效能性。检察机关在办案过程中对执法、司法机关进行监督,可提升执法、司法机关工作的法治化、规范化水平,而检察机关也得以充分履职,取得双赢的效果。第二,法律监督具有广泛效能性。执法机关、司法机关的违法行为往往侵犯了公民人身财产权或国家利益,检察机关行使监督权也使该部分权利或权益得到法治保障,从而达到多赢的目的。第三,法律监督具有宏观效能性。从宏观来看,在法

① 参见张军检察长于 2018 年 4 月 17 日至 19 日在湖北调研时的讲话。

② 每周社评:《检察官要始终坚守客观公正立场》,载《检察日报》2019 年 7 月 29 日,第 1 版。

律监督的作用下，检察机关与被监督机关的价值定位趋向一致，形成了维护国家法治统一、维护社会公平正义的强大合力，增强了各机关的分工配合程度，实现了"共赢"的监督初衷。

（五）坚持政治效果、社会效果、法律效果相统一

准确把握三个效果精髓，政治效果要求检察工作符合党和国家方针政策，服从服务于改革发展稳定大局，通过卓有成效的法律监督巩固党的执政地位、维护国家政权安全；社会效果要求检察机关在司法办案中既要实现个案公平正义，又要充分回应社会关切，通过法律监督增强人民群众对司法公正权威的认同，办案过程和结果得到群众认可，获得广泛而积极的社会评价；法律效果要求检察机关通过法律监督维护司法公正，所办的案件要符合法律规定的原则、程序和规范，体现社会主义法律的基本价值和精神，经得起历史和法律的检验。三个效果在根本上是一致的，统一于维护国家政治安全、确保社会大局稳定、促进社会公平正义、保障人民安居乐业。强调三个效果统一性，就是要防止把三个效果割裂开来，甚至对立起来。若仅追求法律效果而忽略政治效果、社会效果，只从法律层面思考问题，就案办案，往往就有可能陷入"办理一案、矛盾一串、信访不断"的境地。同时，若仅强调政治效果、社会效果而忽略法律效果，往往会违背法治原则，违法办案，甚至造成冤假错案，损害司法公信力，反而不能取得良好的政治效果和社会效果。

三、以新时代检察理念检视执法办案中存在的问题

对照最高人民检察院"五个坚持"新时代检察理念要求，结合南京市检察机关开展"新时代检察理念大讨论"活动，进一步检视、反思在执法办案理念、思维中存在的问题，具体表现如下：

（一）政治站位不高，不同程度存在讲政治与抓业务"两张皮"现象

长期以来，检察官虽对讲政治的重要性有深刻的理解，但落实到具体办案中，还存在一些模糊认识。例如，认为讲政治是领导干部的事，讲政治与具体办案关系不大，讲政治与抓业务关联性不强等。这些认识在一定程度上反映了在政治判断力、政治领悟力、政治执行力上不强。离开政治讲业务，犹如蒙着眼走路，极易偏离正确方向。离开业务讲政治，就会流于空泛，失之虚浮，无法发挥政治建设的引领作用。基于检察工作的属性，需要彻底清除讲政治与抓业务"两张皮"的痼疾。

（二）现代司法价值认识不足，对"少捕慎诉慎押"司法谦抑性理解不深

根据2020年最高人民检察院工作报告专门分析的近20年刑事犯罪情况来看，严重暴力犯罪大幅度下降，轻刑犯罪比例大幅攀升，可见刑事犯罪总体环境发生了变化，刑事司法理念也需随之变化。2018年，认罪认罚从宽制度作为重大司法制度写进修订后的《刑事诉讼法》；2021年，少捕慎诉慎押列入中央全面依法治国委员会的工作要点，上升为国家刑事司法政策。这一系列刑事政策的变化，其目的在于最大限度化解矛盾，消弭

对抗,推动良法善治,厚植党的执政根基。以往的“重入罪轻出罪”“重打击轻治理”等传统观念与新时代司法工作要求不相适应。当前检察执法的理念尚未与时俱进,对刑事工作新形势和现代轻缓化处理的司法价值导向认识不足,对保障诉讼和保护人权之间的关系协调处理不到位。

(三)对朴素公平正义感受不同步,能动司法欠缺

近年来,陆续出现一些引发群众质疑、造成较大社会影响的案例,如内蒙古王力军收购玉米案、“天津大妈”玩具枪摆摊射击案等,这些案件也受到舆情民意的影响。同时,在司法实践中还存在构罪即捕、构罪即诉的倾向,如对犯有轻罪的民营企业家、在校大学生等,不善于结合案情,一律采取逮捕和起诉方式,粗放办案,脱离了人民群众的朴素情感,与人民群众对司法公平正义的要求不相适应,产生的社会效果也不佳。

(四)存在重刑轻民轻行倾向,四大检察发展不平衡

2019 年年初,最高人民检察院张军检察长明确提出了刑事检察、民事检察、行政检察、公益诉讼检察全面协调发展的新目标新格局,着力破解检察业务长期存在的不平衡不充分,重刑轻民、重刑轻行的问题。在司法实践中,民事、行政检察监督工作存在短板的现象依然存在,这既有能力、机制问题,也有理念滞后、监督底气不足问题。

(五)职业敬畏感不强,精益求精不够

近年来,在案件互查互评中发现不少问题,包括案件质量不高、程序粗糙、文书撰写和案卡填录瑕疵等情况。同时,由于案件审查定性不准、缺乏新法实施前瞻性等因素,出现撤回起诉、法院退回案件等情形,部分认罪认罚案件提出抗诉后又撤回抗诉或被驳回抗诉等。办案质量、办案规范方面存在的问题,反映出对检察职业缺少应有的敬畏,业务水平不精,也在一定程度上影响“案—件比”的优化。

四、以新时代检察理念促进检察工作高质量发展

以最高人民检察院“五个坚持”检察理念为指引,以更高水平的司法实践,推动新时代检察工作由“好”向“更好”迈进,为人民群众提供更优的检察产品。

(一)以新时代检察理念为指引,树立正确的司法观和职业观

在“五个坚持”新时代检察理念总要求下,进一步树立和强化正确的司法观和职业观,充分彰显对新时代检察理念的深入践行,并赋予南京检察特色。具体表现为:

1. 强化政治自觉政治担当

政治自觉体现政治担当、体现更高政治站位。自觉从讲政治高度认识和处理业务问题,让业务工作更深更实体现政治要求。着力提升政治判断力、政治领悟力和政治执行力,办案时把握好政治因素,推动工作时落实好政治要求,解决问题时防范政治风险,切实把讲政治和抓业务辩证统一于各项检察业务中,统一于每一起案件的办理过程中,以政治效果审视检察履职成效,以检察履职成效落实政治自觉司法观,充分体现以“三个自

觉”实现“三个效果”的最大化、最优化。

2. 强化以人民为中心司法观

进入新时代，人民群众在民主、法治、公平、正义、安全、环境等方面的需求日益增长，对检察办案的要求也不断提高。只有不断加强和改进工作的方式方法，及时回应人民群众呼声和诉求，才能更好地让人民群众在每一起司法案件中切实感受到公平正义。如聚焦群众对食品安全的关切，探索在食品领域公益诉讼中适用惩罚性赔偿，让违法者“痛到不敢再犯”；推进公开听证，做到应听证尽听证，强化释法说理，化解当事人疑惑；巩固深化群众信访件件有回复制度，以“自我加压”实现“为群众减压”等，扎实办好群众身边的每一起案件，解群众之所忧，让司法既有力度又有温度。

3. 强化能动司法观

做到谦抑与主动相结合，一方面，检察执法要秉持刑法的谦抑性，强化先民后刑意识，消解定罪和重刑的司法惯性，主动适应社会治安形势变化，做到“少捕慎诉慎押”，既要防止为打击犯罪而片面从严，又要防止为适用认罪认罚从宽制度而降低证据要求和证明标准，真正做到打击犯罪同保障人权、追求司法效率同保证司法公正有机统一。另一方面，又要能动而为，不能按部就班、机械办案，要自觉服务大局，推进国家现代化治理。要慎办涉案民企案件，关注生态环境建设，全方位保护未成年人，推进司法救助等，做到“跳出检察看检察”，以系统思维形成高度自觉，通过主动履职体现检察积极作为。

4. 强化监督共赢司法观

以“双赢多赢共赢”理念为导向，强化平等协作的监督地位观、互利共生的监督价值观，进一步完善制约配合机制，共同维护社会公平正义和公共利益，共同推进国家法治建设。在监督过程中，不为体现监督权而“轻案重办”，不因畏惧被监督机关的职能地位而“重案轻办”，不以“和事佬”在被监督机关与人民群众矛盾之间敷衍塞责。要善于运用政治智慧、法律智慧充分行使好法律监督权，敢于监督、善于监督，形成良性、常态化的监督制约关系，推动建立法律监督与执法、司法机关内部监督有机衔接机制，让被监督一方自觉接受法律监督，并从法律监督中受益，共同促进问题解决，共同保证法律正确实施，共同确保严格执法、公正司法，达到共赢的目的和效果。

5. 强化追求极致司法观

以专业精神和工匠精神办好案件，强化严谨规范意识，坚持全面实体审查，从事实认定、诉讼程序、证据采信等方面进行全方位、无死角检测，不放过任何一个瑕疵问题，避免案件“带病”批捕、起诉。强化精品案件意识，提升工作标杆，尤其针对新类型案件、疑难复杂案件、社会高度关注的敏感案件，下足功夫办精品案。强化案件流程管理，加大抽查评查、随机阅卷和督察力度。运用“大数据”分析，对异常数据反映的问题，及时有效地解决。加强检察官业绩考评，对标先进，提升检察官办案能力和职业操守，改进工作作风。

（二）以新时代检察理念为指引，建立良好的工作机制

践行新时代检察理念，落实正确司法观，需要有良好的工作机制作为保障，更好地促进检察工作高质量发展。

1. 探索推进"四大检察"协调发展、协同发力机制

进入新时代，经济社会发展中许多矛盾和问题以案件形式进入检察环节。检察机关应当积极推进"四大检察"全面协调充分发展，做优刑事检察、做强民事检察、做实行政检察、做好公益诉讼检察。同时，在具体案件中，注重"四大检察"协同发力，也就是说，不能局限于一项检察职能，而应集合发力，这样才能彰显检察监督威力和效果。

2. 构建法律监督措施综合运用机制

《人民检察院组织法》第 21 条第 1 款规定，人民检察院行使本法第 20 条规定的法律监督职权，可以进行调查核实，并依法提出抗诉、纠正意见、检察建议。实践中，为达到双赢多赢共赢的监督效果，检察机关应当综合运用法律监督措施，根据案件不同情况进行调查核实，依法提出再审检察建议或者抗诉、纠正违法检察建议、公益诉讼检察建议、社会治理检察建议等，必要时还可以根据案件管辖进行立案侦查。例如，最高人民检察院在办理齐某强奸、猥亵儿童案中，最高人民法院采纳抗诉意见终审改判后，最高人民检察院并没有止步于此，而是针对办案中发现的学生教育和学校管理等方面问题，及时向教育部发出"一号检察建议"，并要求各级检察机关配合教育部门持续抓好落实。截至目前，最高人民检察院已制发 8 份很有影响的检察建议。同时，对不起诉案件，要加强与相关行政执法部门沟通联系，及时给予案件当事人相应的行政处罚，做好刑法与行政法衔接工作，体现执法的严肃性。

3. 建立指导性案例和典型案例的培育示范机制

当前，最高人民检察院高度重视精品案件。发布指导性案例、典型案例并形成制度，为检察官办理相关案件提供了"样本"，统一了执法尺度。实践中，指导性案例、典型案例的发掘还不够，对疑难问题回应还不及时，案例涉及面还较窄，还有不少空白领域亟待突破，需要进一步强化精品案例意识，在刑事、民事、行政和公益诉讼领域筛选出有特点、有影响的案例，从中总结出事实认定、证据运用、法律适用、政策把握等方面的经验做法，分析其中蕴含的理念方法，使其成为办理类似案件的"活的法律"和司法评判的"参照系"，充分发挥其示范引领作用，借助其提升检察产品质效。

（三）以新时代检察理念为指引，构建人才队伍保障

贯彻落实新时代检察理念，人才建设是第一要素。对照新时代检察理念要求，对检察管理、队伍建设、制度改革等进行相应的重塑和创新。

1. 深化分类管理

当前，检察人员分类改革的格局已基本形成，还需进一步完善相应的配套管理机制。一方面，要构建科学合理的检察官选任和考核机制，严格遴选检察官标准和程序，制定检

察官考核评价体系，建立检察官员额退出机制，形成员额检察官科学、规范、动态管理。另一方面，要拓展检察辅助人员发展空间，在具体司法办案中的员额检察官与检察官助理之间建立主体与辅助的关系，明确检辅人员相应的责任范围和比例，建立相应的考核制度，作为推荐进入员额的依据，使检辅人员有动力、有发展目标，在员额检察官与检察官助理之间构建起良性互动关系，促进检察队伍职业化、专业化发展。

2. 完善司法责任制

检察理念与职业精神落实在检察办案上，除强化检察官思想教育、职业道德建设外，必须以健全的司法责任制作为有效保障，完善检察官权力清单，在赋予检察官办案事项决定权的同时，强化监督制约，将权力与责任统一起来，通过案件流程监控、质量评鉴、司法业绩考评、错案责任倒查等制度，实现对检察官行使权力的约束，从而坚守检察官的公正精神和底线思维，使所办案件能够经得起法律和历史的检验。

3. 优化办案组织

专业化的检察办案团队，有利于推进检察专业人才队伍建设。① 办案组织包括独任制员额检察官和办案组。对于办案组的设立，可根据办案需要、案件数量和难易程度等，结合检察官的办案水平、综合素能等情况，设置不同案件类型、富有特色的办案组，集案件专业办理、研究指导于一体，彰显专业化办案水准。同时，健全专业化人才培训体系。根据最高人民检察院出台的岗位素能基本标准，围绕各业务类别的履职范围和程序，以专业需求为指引，开展实战实训和技能竞赛，着力培养一批法律理论基础深厚、相关专业知识扎实，司法实践经验丰富的检察实务专家。

① 参见刘华：《强化专业化办案团队建设　推进江苏检察工作新发展》，载江苏省人民检察院组织编写：《检察研究》2019 年第 1 辑，法律出版社 2019 年版，第 1 页。

“亲卖”行为的定罪与量刑问题研究

——以778份裁判文书为研究起点

征汉年　王小刚*

摘要:“亲卖”行为的定罪、量刑问题长期困扰司法实务部门,主要表现为入罪出罪边界不明、此罪彼罪摇摆不定、量轻量重标准不一。“卖”是拐卖儿童犯罪的基本行为特征,行为人主观上是以出卖为目的;遗弃罪则表现为对被扶养人和扶养义务的“弃”,使没有独立生活能力的人陷入生存困难;而正常的民间“送”养则是对儿童监护权的零对价安全转让,与“卖”和“弃”的性质不同,因而得到道德和法律的默许。在“亲卖”行为中三者高度相似,但又存在实质差异。司法实践不应拘泥于是否“非法获利”进行形而上的判断,而应当回归“卖”、“弃”和“送”的行为本质,结合主客观证据进行实质分析,进而实现定罪有别、量刑有序。

关键词:亲卖　拐卖儿童　遗弃　民间送养

亲生父母出卖子女,简称“亲卖”。在司法实践中,处理方式存在明显差异,或为拐卖儿童罪,或为遗弃罪,又或者不作为犯罪处理,有同案异判现象。为何会出现司法上的分歧,又如何解决司法上的分歧?笔者将从历史和现实的维度进行分析,提出自己的观点。

一、分歧的客观存在:“亲卖”犯罪的样本提取与分析

在中国裁判文书网上,以“亲生”为关键词搜索2012年至2021年全国基层法院审理的拐卖儿童案,共检索到710份裁判文书。又以“亲生”为关键词,搜索同一时段的遗弃案,搜索到68份裁判文书。778起案件在10年时间内带有明显的发案升降趋势,2012年仅有6件,后逐年上升,在2015年达到顶峰122件,到2021年又回落至23件。(详见图1)

---

* 征汉年,江苏省建湖县人民检察院党组书记、检察长;王小刚,江苏省建湖县人民检察院党组成员、副检察长。

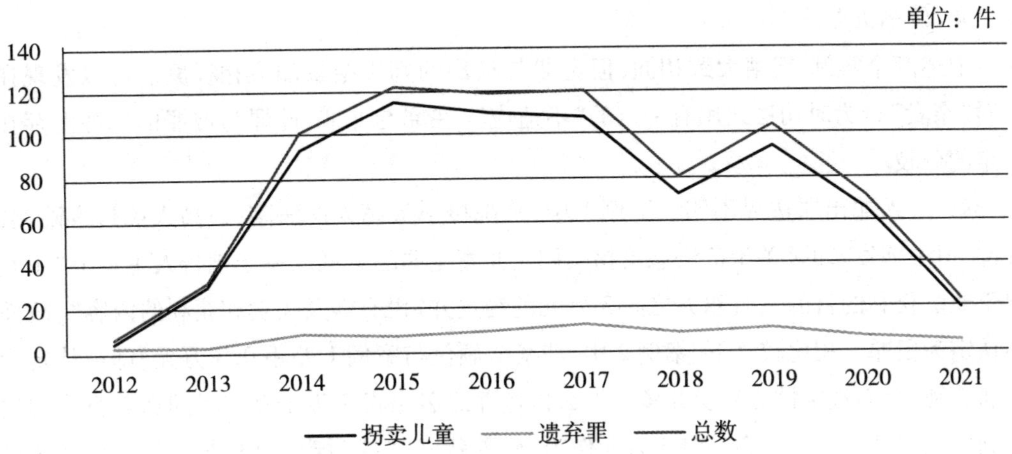

图1　2012—2021年中国裁判文书网拐卖儿童案和遗弃案数量

这样的升降趋势，给笔者产生了这样的疑问，即司法是社会现实的一面镜子，“亲卖”现象在2015年前后的民间社会中是否的确达到了一定的规模？又很快得到有效治理？还是有其他某种特别的原因，导致了司法的异常？笔者从778份裁判文书中，选取了这一阶段的4起案例，或许能窥见端倪。

【案例1】被告人陆某的妻子生产一女儿，欲将其女儿送养。后李某、刘某夫妇经他人介绍，向陆某提出抱养小孩的想法。陆某提出需给予一定误工费、营养费、住院费。李某表示给3万元，陆某表示同意。李某、刘某夫妇即将小孩抱回抚养。法院认定陆某的行为不是出于非法获利目的，双方之间的收、送养没有涉及买卖和获利的内容，属于民间送养行为，判决陆某无罪。

【案例2】被告人申某某未婚先孕，待产期间通过网络发布欲将女儿送养的信息。后周某得知该消息，遂产生收买申某某女儿的想法，与申某某联系并达成协议。申某某产后在医院将其女儿交给周某，并收取人民币3.3万元。法院认定被告人申某某以非法获利为目的，出卖其亲生子女，犯拐卖儿童罪，判处有期徒刑三年，缓刑四年，并处罚金人民币2万元。

【案例3】被告人张某、王某通过他人介绍，约定将张某即将分娩的婴儿出卖给曹某、汪某二人。后张某在医院产下一名女婴。曹某、汪某赶至医院将人民币4.5万元交给张某、王某二人。女婴被曹某、汪某抱回家中共同生活，并为其申报户口。法院认定被告人张某、王某以非法获利为目的出卖亲生子女，其构成拐卖儿童罪，分别判处有期徒刑四年、五年，并处罚金人民币1万元。

【案例4】被告人侯某某在离婚后与他人同居，产下一男婴。后侯某某通过刘某某、司某某联系收养家庭，将该男婴以4万元的价格送给华某某。法院认定侯某某对没有独立生活能力的子女拒绝抚养，并出卖给他人，情节恶劣，其行为构成遗弃罪，判处有期徒刑三年,缓刑五年。

上述四个案例,案情大致相同,但定罪与量刑的判决结果却大相径庭。可以发现在面对“亲卖”行为时司法适用有一定的“不适应”,在罪与非罪、此罪与彼罪的选择上存在一定的分歧。

第一,入罪出罪边界不明。案例 1 中,法院援引最高人民法院、最高人民检察院、公安部、司法部发布的《关于依法惩治拐卖妇女儿童犯罪的意见》,基于被告人主观上“不是出于非法获利的目的”,且双方之间 3 万元的约定并“没有涉及买卖和获利的内容”,故而不认定为犯罪。相比较之下,案例 2 中,涉案金额仅与案例 1 差距 0.3 万元,即被认定为非法获利,继而被定性为拐卖儿童。那么借送养之名出卖亲生子女和民间送养行为的边界到底在何处?显然不会是将 3 万元作为“营养费”和“感谢费”的上限。事实上,778 份裁判文书远不能涵盖 10 年间全部的“亲卖”现象。大量的违法黑数正存在于社会的角落中,被习以为常地看待。可以说,无论是在民间社会的一般认知中,还是司法者的专业视角中,两者的界线都是相对模糊的。

第二,此罪彼罪摇摆不定。案例 2、案例 3 与案例 4 之间的差异在于裁判的罪名上。案例 4 将刚出生的婴儿定义为“没有独立生活能力的子女”,进而得出了“遗弃”的结论,但案例 2、案例 3 中被拐卖的 2 名儿童同样都是刚出生的婴儿。案例 2、案例 3 中被告人分别有 3.3 万元和 4.5 万元的“非法获利”,但在案例 4 中被告人侯某某也得到了 4 万元的对价。情节相似的“亲卖”行为,为什么绝大多数被定性为拐卖儿童罪,但也有一小部分被定义为遗弃罪?从判决书中我们并没有看到关于“买方”是否具备抚养目的和抚养能力的任何信息。同样都是父母监护权的非法转移,两者的差异究竟是什么?

第三,量轻量重标准不一。拐卖儿童罪的最低刑为五年以上有期徒刑,属于刑法意义上的重罪。但从案例 2 看,申某某被判处的三年有期徒刑、缓刑四年,系明显的重罪轻判。“亲卖”犯罪与一般意义上的拐卖儿童犯罪相比,轻判现象并不是个例。据统计,在拐卖亲生子女案件中,五年及五年以下的判决比重占 80% 以上,同时大量适用缓刑。[①] 判决结果考虑到了自首等法定减轻、从轻情节。但相比较案例 3,我们发现,重罪轻判的背后隐藏着轻重不一的问题。案例 3 中,被告人张某同样有自首的减轻情节,但仍然被判四年有期徒刑的实刑。仅仅因为收取的金额存在 1.2 万元的差别吗?可以发现,由于拐卖儿童罪设定了较高的起点刑,司法者在面对同为拐卖儿童的“亲卖”犯罪时,面临着如何适当量刑的困境。

---

① 参见黄小龙:《拐卖亲生子女犯罪刑罚适用思考》,载《贵州警官职业学院学报》2019 年第 2 期。

二、分歧的基本成因:基于历史和现实的考量

(一)传统文化承继带来的情法纠葛

封建伦理下的古代中国社会中,“略卖”“和诱”等带有暴力和欺骗性质的人口拐卖行为一直被历朝律法所禁。但“典妻鬻子”作为人口买卖中的一种特殊现象,在封建时代的中国却不被完全否定为“十恶不赦”,甚至在一定时期是公开、合法的行为。《汉书·食货志上》中汉初曾有“民得卖子”的官方记载。直至清末民国,人口买卖现象也并未得到禁绝。究其原因,不仅是下层民众的生存艰险在战乱和灾害时的极端化显现,①更是因为在夫权和父权的支配下,女性和儿童并未被赋予独立的人格。将买卖子女与拐卖人口区分开来,是封建伦理下的必然选择,故而史书中有“费羊皮卖女葬母”被封建帝王褒以“孝诚可嘉”的记载。② 融情理于法度的传统法文化深深植根于司法者的脑海中,以至今日司法实践中,仍有诸多裁判者不免为封建伦理所左右,在情与法的交织与冲突下,对“亲卖”行为给予宽容。

(二)法律规制沿革产生的是非模糊

中华人民共和国成立以后,我国对“亲卖”行为的法律规制,大致经历了三个阶段。

第一阶段是从民间送养中将部分“亲卖”行为定义为遗弃罪。中华人民共和国成立以后扫荡沉疴积弊,人口买卖,特别是买卖亲生子女被长期禁绝。故而在1979年《刑法》中并未区分妇女儿童和成年男性,仅规定拐卖人口罪,可以“处五年以下有期徒刑;情节严重的,处五年以上有期徒刑”,并未用以重典重刑。直至1991年,全国人大常委会基于重点打击的目的,③审议通过《关于严惩拐卖、绑架妇女、儿童的犯罪分子的决定》,将拐卖妇女、儿童加以最低五年以上有期徒刑,最高可处死刑的重刑,但仍没有将“亲卖”行为作拐卖犯罪处理。而是在1991年的《收养法》中,将出卖亲生子女,情节恶劣的行为作为遗弃罪处理,处五年以下有期徒刑、拘役或者管制。在这一阶段,“亲卖”行为从默认合法行为被定性为违法犯罪行为,但被定性为相对较轻的遗弃行为。

由于长期受到计划生育政策影响,儿童成为一种社会稀缺资源。随着人口流动范围和地区经济差异的进一步扩大,“亲卖”现象在一些地方愈演愈烈,甚至出现“为卖而生”的现象。法律规制很快进入第二阶段,即从遗弃罪中根据犯罪目的和犯罪动机进一步分离出拐卖儿童罪。1999年最高人民法院《全国法院维护农村稳定刑事审判工作座谈会纪要》中,提出“对买卖至亲的案件,要区别对待”,明确“以贩卖牟利为目的‘收养’子女的,

---

① 参见王子今:《汉代“卖子”“鬻子孙”现象与“卖人法”》,载《中国古代法律文献研究》(第8辑),社会科学文献出版社2014年版,第89页。

② 《魏书·刑罚志》记载:冀州阜城民费羊皮母亡,家贫无以葬,卖七岁子与同城人张回为婢,回转卖于鄃县民梁定之,而不言良壮。……羊皮卖女葬母,孝诚可嘉,便可特原。

③ 参见徐颖:《收买妇女、儿童犯罪中的罪名适用疑难问题研究》,载《法学论坛》2019年第2期。

应以拐卖儿童罪处理”。[①] 在此前 1998 年《收养法》第一次修正过程中,已经删除了构成遗弃罪的限制性表述,修改为“依法追究刑事责任”的模糊规定。真正的变化出现在 2000 年,最高人民法院、最高人民检察院联合公安部、民政部等多部门下发《关于打击拐卖妇女儿童犯罪有关问题的通知》(以下简称《通知》)中,进一步明确“以营利为目的,出卖不满十四周岁子女,情节恶劣的……均应以拐卖儿童罪追究刑事责任”。但什么是“以营利为目的”和“情节恶劣”,通知并没有明示。[②]

由于政策的模糊性和司法的惯性,对“亲卖”行为的刑事打击并未得到有效的贯彻,高额的收益刺激着“亲卖”市场的持续活跃。[③] 在第三阶段,2010 年最高人民法院、最高人民检察院、公安部、司法部出台了《关于依法惩治拐卖妇女儿童犯罪的意见》(以下简称《意见》)。《意见》第 17 条明确提出要严格区分借送养之名出卖亲生子女与民间送养行为的界限,并提出“区分的关键在于行为人是否具有非法获利的目的”,提出区分的具体方法和以拐卖妇女、儿童论处的四种情形,将“亲卖”行为与遗弃、民间收养行为作了进一步的区分。[④] 是否具有非法获利目的成为首要的入罪判断标准,主要通过“送”人的背景和原因、有无收取钱财及收取钱财多少、对方是否具有抚养目的及抚养能力等事实进行综合判断。对于不以非法获利为目的,而是由于生活困难、受重男轻女思想影响等将子女送给他人抚养的,即使收取少量“营养费”“感谢费”都定性为民间收养。私自送养导致子女身心健康受到严重损害,或者具有其他恶劣情节,符合遗弃罪特征的,可以遗弃罪论处。

2010 年后,对拐卖妇女、儿童的打击尺度得到一定程度的放大,“亲卖”入罪呈现逐年上升态势,直至 2015 年达到顶峰。笔者选取的 4 个案例即发生在这一阶段。但从 4 个

---

① 《全国法院维护农村稳定刑事审判工作座谈会纪要》第 2 条第 6 款关于拐卖妇女、儿童犯罪案件,要严格把握此类案件罪与非罪的界限。“对于买卖至亲的案件,要区别对待:以贩卖牟利为目的‘收养’子女的,应以拐卖儿童罪处理;对那些迫于生活困难、受重男轻女思想影响而出卖亲生子女或收养子女的,可不作为犯罪处理;对于出卖子女确属情节恶劣的,可按遗弃罪处罚;对于那些确属介绍婚姻,且被介绍的男女双方相互了解对方的基本情况,或者确属介绍收养,并经被收养人父母同意的,尽管介绍的人数较多,从中收取财物较多,也不应作犯罪处理。”

② 参见行江:《法律与人情的纠葛:出卖亲生子女的刑法思考》,载《河北科技大学学报(社会科学版)》2016 年第 3 期。

③ 参见邢红枚:《出卖亲生子女犯罪研究》,载《中国人民公安大学学报(社会科学版)》2017 年第 4 期。

④ 《关于依法惩治拐卖妇女儿童犯罪的意见》第 17 条规定,要严格区分借送养之名出卖亲生子女与民间送养行为的界限。区分的关键在于行为人是否具有非法获利的目的。应当通过审查将子女“送”人的背景和原因、有无收取钱财及收取钱财的多少、对方是否具有抚养目的及有无抚养能力等事实,综合判断行为人是否具有非法获利的目的。具有下列情形之一的,可以认定属于出卖亲生子女,应当以拐卖妇女、儿童罪论处:(1)将生育作为非法获利手段,生育后即出卖子女的;(2)明知对方不具有抚养目的,或者根本不考虑对方是否具有抚养目的,为收取钱财将子女“送”给他人的;(3)为收取明显不属于“营养费”“感谢费”的巨额钱财将子女“送”给他人的;(4)其他足以反映行为人具有非法获利目的的“送养”行为的。不是出于非法获利目的,而是迫于生活困难,或者受重男轻女思想影响,私自将没有独立生活能力的子女送给他人抚养,包括收取少量“营养费”“感谢费”的,属于民间送养行为,不能以拐卖妇女、儿童罪论处。对私自送养导致子女身心健康受到严重损害,或者具有其他恶劣情节,符合遗弃罪特征的,可以遗弃罪论处;情节显著轻微危害不大的,可由公安机关依法予以行政处罚。

样本案例的处理结果看,仍然存在罪与非罪、此罪与彼罪的认定不尽相同的问题。如何认定非法获利目的?什么是“巨额钱财”,什么是少量“营养费”“感谢费”等都没有统一的、标准的答案。除了那些以生育作为非法获利手段、明知对方不具有抚养目的等特征明显的,被定性为拐卖儿童罪并科以五年以上重刑,其他“亲卖”案件似乎仍然处于是非模糊的边缘地带。

(三)刑事政策变化引起的宽严失调

2008年开始,我国政府先后制订多个“反拐行动计划”。[①] 2009年,公安部在全国部署打击拐卖儿童妇女犯罪专项行动,案件数直线上升。根据网络上公布的数据,当年公安机关的立案数从2008年的2566件上升到6513件,并在2013年达到20735件的立案高潮,此后又逐年回落到2020年的3035件。[②] 根据最高人民法院2015年的新闻通报,这一阶段拐卖儿童犯罪呈现的新特点,其中一点即“大部分被拐儿童系被亲生父母出卖或遗弃”[③]。2014年的《亲爱的》、2015年的《失孤》两部反拐电影上映,更有“贩卖儿童者,一律死刑”的一条网帖将社会反拐情绪推向高潮。刑事政策和社会舆情的变化反映在立法上,体现在《刑法修正案(九)》删除了收买免责的规定,而反映在司法上,体现在定罪量刑不断趋紧从严。由此观之,“亲卖”作为一种特殊类型的拐卖儿童行为在这一阶段被普遍作为犯罪处理,就并不奇怪了。

三、分歧的最终解决:回归“卖”、“弃”和“送”的行为本质

为何“亲卖”行为的定罪量刑容易受到裁判者的主观影响?从刑事司法的角度看,很大程度是由于现有的司法解释和规范性文件,并没有从逻辑上有效地区分拐卖儿童、遗弃和民间收养,在很大程度上限缩,甚至是曲解了立法者的本意。刑法意义上的拐卖儿童罪,是指以出卖为目的,拐骗、绑架、收买、贩卖、接送、中转儿童的行为。主观上以出卖为目的,客观上包含了“拐”和“卖”两个具体行为。“拐”直接侵犯了儿童的人身安全和家庭亲属关系,“卖”通常是对儿童人格尊严的侵犯并进一步危及其人身安全。但“亲卖”作为拐卖的一种特殊形态,有“卖”而无“拐”,无论是对家庭亲属关系的破坏,还是对儿童人身安全的侵犯,在程度上都远远低于一般意义上的“拐卖”。这是我国早期立法中,未将“亲卖”定性为拐卖儿童罪的主要原因。或许为了避免打击范围过滥,无论是2000年《通知》,还是2010年《意见》,都将“亲卖”入罪的前提限缩在“以营利为目的”或“非法获

① 包括《中国反对拐卖妇女儿童行动计划(2008—2012年)》和《中国反对拐卖人口行动计划(2013—2020年)》等。

② 参见一百个幸福单位:《历年全国拐卖妇女儿童案件立案数量(1997—2020)》,载腾讯新闻网,https://View.inews.qq.com/k/A0CTN700?web_channel=wap&open App=false,最后访问日期:2022年2月17日。

③ 参见《最高法:大部分被拐儿童系被亲生父母出卖或遗弃》,载澎湃新闻网,https://www.thepaper.cn/newsDetail_forward_1306117,最后访问日期:2022年2月17日。

利”的目的上,并将其作为“区分的关键”。仿佛只有“利”的存在,才能对“亲卖”给予完全负面的评价。但笔者对此却不敢苟同。首先,从规范意义来看,我国《刑法》条文已经明确规定拐卖儿童罪仅要求行为人主观上“以出卖为目的”,而不论是否获利或获利多少。《通知》和《意见》在“出卖目的”的基础上附加“营利目的”或“非法获利目的”,是对拐卖儿童罪构成要件的突破,有违罪刑法定原则。对此,张明楷老师也认为“在法定出卖目的之外,另外添加获利目的,并无必要”①。其次,从实践意义来看,控方在指控行为人构成拐卖儿童罪时,除了要证实行为人存在出卖行为,仍要对其“营利”或“获利”目的承担证明责任。但儿童本身不可商品化的属性决定了这种证明标准难以实现,最终导致控方的证明重心和裁判者的审查重心都只能放在收取财物的数额上,出现司法上的机械适用。简单以财物的多少来认定“亲卖”的性质,忽略了拐卖儿童罪的本质在于“卖”。

(一)如何区分拐卖儿童犯罪与民间送养行为?

无论是特殊意义上的“亲卖”,还是一般意义上的拐卖,“卖”都是二者的共性特征,也是拐卖儿童罪的基本特征。只要是基于出卖的目的将儿童监护权非法转移,无论收取财物多少,都应当定性为拐卖儿童罪,从而给予刑法的否定评价。反之,如果是基于送养的目的将儿童监护权转移,即使未经法定收养程序,即便以“营养费”“感谢费”的名义收取了一定金额的财物,也不应当认定为拐卖儿童罪。因此,罪与非罪的界限绝不能仅根据行为人客观上有无收取财物来判定,而应当回归“卖”与“送”的行为本质具体分析。“卖”之所以入罪,是因为其直接侵犯儿童的人格尊严,并可能使儿童陷入不利的生存环境,进而危及人身安全。“送”之所以无罪,是因为“送”的行为并非将儿童视为商品进行交易,同时“送”的发生场合往往是行为人出于生活上的经济无助而丧失抚养能力,被迫送养子女以求为其图得更有利的生存环境。因此,在对“卖”和“送”进行区分时,应当关注行为有无侵犯拐卖儿童罪的法益,即行为有无侵犯儿童的人格尊严和人身安全。具体而言,要考察行为是否表现为将儿童视为利益输送的商品或筹码,是否全然不考虑儿童未来的成长环境。例如,常见的多次生育出卖的、送回后再次出卖的、明知对方不具有抚养目的或者不具备抚养能力仍然出卖的、为出卖高价而议价的、出卖后肆意消费或用于偿还债务等特定用途的、出卖行为导致儿童下落不明的,等等。这些无疑是侵犯儿童人格尊严和人身安全的“出卖”行为,即使行为人面临生活困难,或者受重男轻女思想影响都不应成为出罪理由。至于“营养费”“感谢费”是否高额,反而不是决定因素。

(二)如何区分拐卖儿童犯罪与遗弃罪?

出卖亲生子女和将不具备独立生活能力的子女遗弃他人,都表现为对监护权的非法但平和地转移。将子女“卖”与他人的过程,本质上就是一种“弃”,特别是当遗弃者收取一定对价的情况下。由于拐卖儿童罪被设定了较重的刑罚,因此遗弃罪似乎成了将模糊

---

① 张明楷:《刑法学》(下)(第 5 版),法律出版社 2016 年版,第 894 页。

地带的"亲卖"行为予以定罪的一个可选项。但两者在主观上、客观上均具有明显的差异。以遗弃罪来解决拐卖儿童罪适用中的刑罚断层和罪刑失衡问题,其合理性值得商榷。法律之所对年老、年幼、患病的人给予特别保护,是因为这些人中相当一部分人没有独立生活能力。一旦"弃之不理",生存条件丧失,生命或者身体将处于危险的状态。因此在判断是否构成遗弃罪时,情节是否恶劣是重要界线,而是否恶劣的标准主要为是否让被遗弃者陷入危难。但社会生活中的绝大多数"亲卖"行为,非但没有让儿童陷入危难,反而获得了更加优质的生存条件。因此,在2010年《意见》中,文件制定者特别规定,"对私自送养导致子女身心健康受到严重损害,或者具有其他恶劣情节,符合遗弃罪特征的",方可以遗弃罪论处。

(三)"亲卖"型拐卖儿童犯罪如何实现罪责刑相统一?

如前所述,"亲卖"虽恶,但相比较一般意义上的"拐卖",仍属轻罪,可以适当予以宽容。对轻罪科以重刑,有违罪责刑相适应的基本原则。故绝大多数"亲卖"型拐卖儿童案件通过认定为自首、立功,或者对未遂犯和从犯的认定,甚至有意无意忽略一部分从重处罚情节,从而在法定刑以下判处刑罚。在没有减轻处罚适用空间的情况下,立法与现实的差异的确让司法裁判者陷入两难境地。因此,有学者呼吁,在当下降低拐卖儿童罪起点刑有违民意,并不现实的情况下,把"亲卖"行为从拐卖儿童犯罪中单列出来另设拐卖亲生子女罪,①或者在拐卖儿童罪中设定法定从宽情节,如规定在一审判决前将被拐儿童主动找回的,则可以处以宽缓刑罚等,②都不失为解决方案。

四、结论

当下,"亲卖"犯罪已经成为拐卖儿童罪的主要类型。在最新的《中国反对拐卖人口行动计划(2021—2030)》中,我们看到国家对解决人口拐卖现象的更为系统、全面的治理思路,在"反拐"的同时,更加注重"反卖"。如何在刑事司法层面上精准、高效、审慎、谦抑地打击"亲卖"犯罪,司法解释和规范性文件的优化调整迫在眉睫,必须对《刑法》条款做严格解释。司法者也不应当墨守成规,应当走出"非法获利"的窠臼,摒弃简单、机械的"唯数额论",回归到对问题本质的分析。

---

① 参见黄小龙:《拐卖亲生子女犯罪刑罚适用思考》,载《贵州警官职业学院学报》2019年第2期。

② 参见张闯玉、杨仕兵:《拐卖儿童罪定性与量刑问题的实证考察——以大样本刑事判决书为研究对象》,载《郑州航空工业管理学院学报(社会科学版)》2019年第5期。

水生植物纳入非法捕捞水产品罪保护对象的法律困境与出路

姚文武　朱　虹*

摘要:《刑法》第340条设立了"非法捕捞水产品罪"。实践中,司法机关适用该罪名打击的都是非法捕捞水生动物行为,对非法捕捞水生植物行为则未见适用。我国自实施禁捕政策以来,非法捕捞水生动物现象显著减少,非法捕捞水生植物现象却明显增加,给水生动物栖息繁育和水域生态环境带来严重危害。水生植物具有净化水体、为动物提供饵料和发育场所以及保护生物多样性等生态价值。在科学术语中,水产品为海洋和淡水渔业生产的水产动植物产品及其加工产品的总称,域外法律也对非法捕捞水生动植物行为运用刑法手段予以调整。因此,兼具经济价值和生态价值的水生植物应当纳入非法捕捞水产品罪的保护对象,并且适用现行法律法规和司法解释。

关键词:非法捕捞水产品　水产品　水生植物　生态保护

一、水生植物司法保护面临的困境——以一件捕捞芡实案为样本

【案例】

被告人李某某,男,水产养殖者,其捕捞证因洪泽湖退圩还湖而于案发前被收回。

2020年9月7日,江苏省农业农村厅发布公告,在洪泽湖省管水域作业的渔业生产者于2020年10月10日起停止捕捞作业。2021年1月下旬,李某某明知洪泽湖全面禁捕,仍雇佣工人驾驶机吸螺蚬船多次到洪泽湖水域捕捞芡实总计3270.5公斤。经江苏省洪泽湖渔业管理委员会办公室鉴定,涉案机吸螺蚬是一种毁灭性捕捞渔具,其无选择地捕捞底栖生物导致水生植被资源和鱼类资源严重受损,严重破坏鱼类产卵场、索饵场,改变区域生态环境,降低水体自我净化和修复能力,威胁湖泊生态系统健康稳定。

---

* 姚文武,江苏省盱眙县人民检察院党组书记、检察长;朱虹,江苏省盱眙县人民检察院检察官。

一审法院认为，被告人李某某捕捞芡实的行为符合《刑法》第340条相关规定，具有刑事处罚性，以李某某犯非法捕捞水产品罪，判处其拘役五个月。

但是具有经济价值的水生植物能否都纳入刑法保护仍需结合个案情况综合认定。基层司法机关在认定水生植物能否入罪时依然存在以下困境：

非法捕捞水产品罪中“水产品”的范围界定不够清晰。2008年，最高人民检察院、公安部《关于公安机关管辖的刑事案件立案追诉标准的规定（一）》（以下简称《追诉标准（一）》）第63条规定：“（一）在内陆水域非法捕捞水产品五百公斤以上或者价值五千元以上……”“（二）非法捕捞具有重要经济价值的水生动物苗种、怀卵亲体或者在水产种质资源保护区内捕捞水产品，在内陆水域五十公斤以上或者价值五百元以上……”这两项虽然明确“在内陆水域非法捕捞水产品”达到一定数额应予追诉，但在入罪数量上并未区分水生动物、水生植物，仅就捕捞一般水产品和捕捞具有重要经济价值的水生动物在入罪时对数量和价值作出规定，且后者入罪标准仅是前者的1/10。水生植物能否作为一般水产品直接适用《追诉标准（一）》，有关规定未予明确。随着生态保护的呼声高涨，禁捕政策的大力推行，最高人民法院、最高人民检察院、公安部、农业农村部于2020年12月17日出台《依法惩治长江流域非法捕捞等违法犯罪的意见》（以下简称《意见》），该意见主要涉及从严从重打击违法犯罪行为和认定专业性问题的程序规定。从制定目的看，该意见将打击范围由水生动物扩大为水生生物。逻辑上讲水生生物当然包括水生植物，但对水生植物能否入罪，定罪处罚的标准仍然没有规定，立法概念缺位、内涵范围不明的问题依然存在，新形势下出现的新问题依旧得不到有效解决。

据了解，多地办理非法捕捞水产品犯罪的司法机关均因“水产品”概念范围不明和定罪量刑标准缺乏，而未追究非法捕捞水生植物行为人的刑事责任。检索中国裁判文书网也发现，在该案一审判决前，国内尚无以非法捕捞水产品罪对非法捕捞水生植物的行为人追究刑事责任的裁判案例。若将水生植物直接等同于水生动物，则有打击面过大的可能；若将水生植物一概排除在水产品之外，则对一些严重损坏环境的非法捕捞水生植物行为，又有放纵之嫌，这使一线司法办案人员无所适从。

二、将水生植物纳入非法捕捞水产品罪的保护对象具有实践和法理依据

（一）将水生植物纳入非法捕捞水产品罪的保护对象，是加强水域环境资源保护的迫切需要

非法捕捞植物行为一直都在发生，但受传统观念中不接受植物是水产品等的影响，司法实践中未将该行为作为犯罪来评判。随着生态理念的转变，国家保护生态环境政策的推行，动物、植物对于生态系统来说都是不可或缺的，两者实现动态平衡，生态系统才能健康发展。特别是近几年，随着禁渔令、禁捕令的实施，非法捕捞水生动物现象大幅减少，非法捕捞水生植物行为却明显增多。截至2022年3月，以江苏省管洪泽湖、太湖、骆

马湖水域为例,共查处该类违法案件 150 余件,涉案水生植物种类以经济水生植物芡实、蒲草等为主。从案件危害后果看,有的案件非法捕捞数量较大,并且使用了明令禁止的捕捞工具或方法,给湖区的生态资源环境造成了严重破坏,如前述李某某非法捕捞芡实案。调研发现,江苏省管洪泽湖、太湖、长江支流等水域都存在非法捕捞芡实、蒲草等违法行为,但司法机关却存在不敢打击的问题,原因主要是:从《刑法》条文中关于非法捕捞水产品罪罪状描述的语义上理解(如使用"捕捞"一词),立法者设立该罪的目的似乎更多倾向于保护渔业等水生动物资源;相关司法解释亦对非法捕捞水生动物的构罪情节作了清晰描述,但对非法捕捞水生植物的构罪情节则无明晰具体界定。以洪泽湖水域为例,尽管行为人在湖区非法捕捞水生植物数量较大,使生态资源受到严重破坏,但沿湖地区司法机关均未予以刑事处理。如 2020 年在洪泽湖泗阳水域查处的胡某某等 5 人使用机吸螺蚬船非法捕捞芡实案,涉案芡实达 3910 公斤,连带捕捞螺蛳 126 千克,后该案在侦查、起诉和审判阶段因芡实标准难以把握,入罪困难,最终是以"顺带"非法捕捞的 126 千克螺蛳来定罪量刑,对捕捞芡实行为由渔业部门给予罚款、没收渔具和渔获物的行政处罚。非法捕捞水生植物案件发案率日趋增长,对水域生态环境造成的危害日益严重,而司法机关对非法捕捞水生植物的行为能否入罪却持审慎观望态度,导致刑事司法打击力度不足。将水生植物纳入非法捕捞罪的保护对象,正是贯彻"以最严格措施保护生态环境"的国家战略,加强水域生态环境司法保护的客观要求。

(二)生物学和刑法学上"水产品"的定义和认定标准应具有同一性

生物学意义上的"水产品"是海洋和淡水渔业生产的水产动植物产品及其加工产品的总称,"主要指具有一定经济价值的水生动物和水生植物"①。一种生物资源能否评价为水产品,关键看它是否具有"产品"属性,即经济价值。1979 年国务院出台的《水产资源繁殖保护条例》(以下简称《保护条例》)第 4 条对"重要或名贵的水生动物和植物"做了列举性规定,不仅明确了海水鱼、淡水鱼等鱼类、虾蟹类、贝类以及海藻类,还包括芡实、莲藕和菱角等淡水食用水生植物类,与水生动物并列列举,作为重要或名贵的水生动物和植物加以重点保护。实践中,也不难发现沿湖很多地方都对上述水生植物进行人工培植,这些水生植物甚至已经成为各大电商平台的热销产品。在 2007 年农业部出台的第 948 号公告《国家重点保护经济水生动植物资源名录(第一批)》(以下简称《名录》)中,还将芡实、莲、蒲草等植物明确为国家重点保护的经济水生植物。由此可以看出,在现行法律法规和规范性文件中,都对相关水生植物的经济价值予以明确,且将其与水生动物并列。因此,像芡实、蒲草、菱角等具有经济价值的水生植物,应当评价为生物学意义上的水产品。关于刑法意义上的"水产品",现行《刑法》和相关司法解释至今没有给予明确定义。从我国立法发展情况看,非法捕捞水产品罪名最早出现在我国 1979 年《刑

① 赵秉志、杜澎、王秀梅:《环境犯罪比较研究》,法律出版社 2004 年版,第 190 页。

法》“破坏社会主义经济秩序罪”章节中。当时立法者认为非法捕捞水产品罪的犯罪客体主要体现为对经济秩序的破坏,同时也证明水产品本质属性之一为其经济性。随着国家对生态环境资源保护的日益重视,水产品除具有一定的经济价值外,更多地体现为一种生态价值。所以,1997 年修改《刑法》时,该罪名又被移至“妨害社会管理秩序罪”之“破坏环境资源保护罪”章节。现行《刑法》明确规定,构成非法捕捞水产品罪必须以违反保护水产资源法规为前提。因此,刑法意义上的“水产品”认定应以与水产资源相关的定义和规定为准,并将其作为法益是否被侵害的判断依据之一,即“水产品”在生物学术语与法律术语的定义方面应当保持一致性,以保证法律术语的科学性和专业性,否则《刑法》在解释“水产品”时就失去了科学依据。

(三)非法捕捞水生植物对水域生态环境危害严重

犯罪的本质特征是社会危害性,非法捕捞水生植物行为能否评价为犯罪,前提要看行为的社会危害性尤其是行为对环境资源的破坏程度。非法捕捞水生植物的危害性,首先体现在损坏水生植物的经济价值上,如芡实的果实可供食用和药用,因此具有重要经济价值,非法捕捞芡实,造成的经济损失是可以量化的。其次体现在破坏水生植物的生态价值上。以芡实为例,芡实是睡莲科芡属的一年生水生草本植物,我国南北省份均有分布,生于池塘、湖沼中,以种子繁殖,3 ~4 月出苗、7 ~8 月开花、8 ~9 月结果,具有较高的生态价值。其生态价值具体体现在:是湖泊中的初级生产者,存在于物质循环和能量流动的重要环节;能为水生动物(如螺类、鱼类和浮游动物)的觅食、栖息和繁殖提供场所;其嫩芽能为草食性和杂食性鱼类生长提供饵料;部分沉水植物对光照、水体波动要求较高,高光照会抑制沉水植物生长,芡实所形成的优势群落可以降低水体光照,稳定水体波动,促进沉水植物生长;能够提高湖泊生态系统的水体自净能力,保护生物多样性,对维护生态系统的平衡和稳定具有重要作用。① 如在禁渔期,动物将卵产在水草等植物和植被上,此时捕捞植物比直接捕捞鱼、虾给生态带来的损害更大。由此可以看出,水生植物和水生动物一样,均为水生态资源的重要组成部分,二者相互依存,处在同一体系之内,作为水生态系统的一环都是至关重要、不可或缺的。任何一种水生动物或植物的灭绝也都可能引发生存环境恶化等一系列的连锁反应,破坏生态系统的完整性和平衡性。因此,非法捕捞具有经济价值的水生植物对渔业可持续发展和水域环境保护也会产生严重的危害后果,打击非法捕捞水生植物与打击非法捕捞水生动物的重要性相当。

(四)从法制比较视角看,将水生植物纳入非法捕捞水产品罪的保护对象具有应然性

从国内相同位阶的法律看,2021 年 12 月 24 日,第十三届全国人大常委会第三十二次会议表决通过了《中华人民共和国湿地保护法》(以下简称《湿地保护法》),该法第 14 条第 1 款规定:“国家对湿地实行分级管理……重要湿地依法划入生态保护红线。”根据

① 参见闫妍:《芡实对富营养化水体的生态修复研究》,吉林农业大学 2015 年硕士学位论文,第 12 页。

该法第 28 条第 4 项规定,“过度放牧或者滥采野生植物,过度捕捞或者灭绝式捕捞,过度施肥、投药、投放饵料等污染湿地的种植养殖行为”是被禁止实施的破坏湿地及其生态功能的行为。由此可见,在湿地内的水生植物均受《湿地保护法》的保护,一旦非法捕捞则可能涉嫌刑事犯罪。《意见》中规定,对长江生物资源或水域生态造成严重损害或具有造成重大社会影响等恶劣情节的,应从重处罚。该规定彰显出打击非法捕捞犯罪的目的不仅是保护生物资源,还保护水域生态。非法捕捞水生植物使生物资源和水域生态遭受严重破坏,当然要予以刑事处罚。从域外法看,《俄罗斯刑法典》第九编第二十六章“生态犯罪”第 256 条规定了非法捕捞水生动植物的犯罪,该罪名犯罪对象是具有或者不具有捕捞价值的水生生物资源,包括鱼类资源、水生无脊椎动物、水生哺乳动物、藻类,以及俄罗斯联邦内水、领海、大陆架、专属经济区内和协定区、公海、外国领海及其毗邻海区内的其他水生植物。[①] 中国和俄罗斯均以刑法典的立法模式规制水产资源犯罪,以加强对水产资源的保护。从罪名在各自刑法典体系中的归属看,我国《刑法》将非法捕捞水产品罪归属于破坏环境资源保护罪,而《俄罗斯刑法典》将非法捕捞水生动植物罪归属于生态犯罪,归属的名称不同,但本质均属环境犯罪。[②] 中国《刑法》非法捕捞水产品罪的罪状表述为“违反保护水产资源法规”,立法目的是保护水产资源;《俄罗斯刑法典》非法捕捞水生动植物罪表述为“用刑法手段保护国家的自然资源,同时保障水生资源(动物和植物)种群的保存(生存)”[③],从立法的出发点看,两国立法都是为了保护生态资源这一法益。

三、非法捕捞水生植物入刑的具体问题

将水生植物纳入非法捕捞水产品罪的保护对象,是加强水生态环境保护的实践需要。非法捕捞水生植物行为入刑具有充分的科学依据和法理依据。实践中,在对非法捕捞水生植物行为定罪量刑时仍然存在一些问题,就方法论而言,可以通过出台立法解释或司法解释予以解决。就内容来说,需对以下具体问题进行讨论:

(一)非法捕捞具有经济价值的水生植物行为是否均构成非法捕捞水产品罪

水生植物能够受到刑法保护除了要有经济价值,还要兼具生态价值。对于经济价值的认定,根据《意见》的规定,除国家重点保护的珍贵、濒危水生野生动物及其制品外,“其他渔获物的价值,根据销赃数额认定;无销赃数额、销赃数额难以查证或者根据销赃数额认定明显偏低的,根据市场价格核算;仍无法认定的,由农业农村(渔政)部门认定或者由有关价格认证机构作出认证并出具报告”。由此可见,涉案水生植物的价值认定,按照

---

① 参见俄罗斯联邦总检察院编:《俄罗斯联邦刑法典释义》(下册),黄道秀译,中国政法大学出版社 2000 年版,第 711 页;转引自吴占英:《非法捕捞水产品罪比较研究》,载《云南大学学报(法学版)》2005 年第 4 期。

② 参见吴占英:《非法捕捞水产品罪比较研究》,载《云南大学学报(法学版)》2005 年第 4 期。

③ 俄罗斯联邦总检察院编:《俄罗斯联邦刑法典释义》(下册),黄道秀译,中国政法大学出版社 2000 年版,第 711 页;转引自吴占英:《非法捕捞水产品罪比较研究》,载《云南大学学报(法学版)》2005 年第 4 期。

"销赃数额→市场价格核算→农业农村(渔政)部门认定或者由有关价格认证机构作出认证并出具报告"的顺序进行。生态价值则是一个抽象的概念,需要通过对涉案的禁捕区域、禁捕时间、禁用方法、禁用工具、渔获物品种以及对水生生物资源的危害程度等专门性问题进行鉴定得出。根据《意见》的规定,应当由农业农村(渔政)部门出具认定意见;难以确定的,由司法鉴定机构出具鉴定意见,或者由农业农村部指定的机构出具报告。具体的鉴定工作可按照农业农村部办公厅印发的《非法捕捞案件涉案物品认(鉴)定和水生生物资源损害评估及修复办法(试行)》进行。该办法规定了资源损害的鉴定流程和修复评估程序,一般来说,可以从水生生物的保护级别、水生生物资源的损害程度、水生生物资源受损后修复的难易程度等方面对损害的生态价值进行综合评判。

(二)将水生植物纳入非法捕捞水产品罪的保护对象是否违反刑法体系保护

我国《刑法》第344条规定了"危害国家重点保护植物罪",即自然人或者单位违反国家规定,非法采伐、毁坏珍贵树木或者国家重点保护的其他植物,或者非法收购、运输、加工、出售珍贵树木或者国家重点保护的其他植物及其制品的行为构成该罪,法定最高刑为七年有期徒刑。显然,如果行为人非法捕捞的是列入我国2021年出台的《国家重点保护野生植物名录》(以下简称《重点名录》)中的水生植物,不管适用特别法优于一般法原则还是想象竞合犯处一罪原则,都应适用刑罚更重的"危害国家重点保护植物罪"来追究行为人的刑事责任。但适用这个罪名的门槛较高,《重点名录》中的野生植物是我国当前重要且濒危的物种,对其加强保护的目的为维护生物多样性和生态平衡。但突出对上述植物资源的特殊保护,并不能将具有经济价值但未达到濒危程度的植物直接排除在刑法保护的范围之外,非法捕捞水产品罪的门槛也不应该因为《重点名录》的出台而被提高,二者之间是补充关系。当捕捞的水生植物属于《重点名录》,构成危害国家重点保护植物罪;不属于名录范围内的植物,但具有经济和生态价值的,构成非法捕捞水产品罪。

(三)对非法捕捞水生植物行为定罪量刑,可否直接适用现有法律法规

目前,《追诉标准(一)》、最高人民法院出台的《关于审理发生在我国管辖海域相关案件若干问题的规定(二)》以及《意见》这三个规定是司法机关办理非法捕捞水产品犯罪的主要依据。从上述规定的具体内容来看,对非法捕捞水产品罪定罪处罚的依据主要是非法捕捞水产品的数量和价值。如前述水产品本身就包括具有经济价值的水生动物和水生植物,二者不仅在行政法上地位是同等的,在刑法定罪量刑上也不应作区分,即对非法捕捞水生植物行为可直接适用上述司法解释以非法捕捞水产品罪定罪量刑。然而,现有关于非法捕捞水产品罪的刑法规范和司法解释,大量使用"禁渔区、禁渔期、禁用渔具、破坏渔业资源"等概念和表述,似乎立法、司法解释的目的仅在于保护渔业资源,这也是基层司法机关一般不以刑法手段打击非法捕捞水生植物行为的缘由所在。我们应当看到,一方面,受市场趋利影响,大量破坏水域野生植物资源的行为正在发生,严重破坏了水域生态环境;另一方面,非法捕捞水产品罪所保护的法益绝不仅限于水生动物资源,

保护的更为重要的法益在于水域生态环境。因此，对非法捕捞水产品罪这一典型的法定犯，从实定法层面考量，必须以国家立法或司法解释的方式确定“水产品”的具体概念和外延，对其定罪量刑的标准做进一步的完善和明确。

第一，建议修订相关司法解释，明确将具有经济价值的水生植物纳入刑法保护范围。建议最高人民检察院联合最高人民法院加强与农业农村部协商会商，对《刑法》第 340 条规定的“水产品”定义为除珍贵、濒危野生、水生动植物之外，也包括具有一定经济价值的水生动物和水生植物及其制品。

第二，更新完善立案追诉标准，为刑事司法办案提供依据。建议最高人民检察院与最高人民法院、公安部沟通协调，除明确现有司法解释适用于以非法捕捞水产罪对非法捕捞水生植物行为的定罪量刑外，还需将“在河、湖、湿地等水域非法捕捞植物，给水域生态资源和生态环境造成严重影响的”行为确立为入罪的情形。

认定共同受贿犯罪的思路和方法

王聚涛*

摘要:认定受贿罪的共同犯罪,或者认定非国家工作人员是否构成受贿罪的共犯,应当遵循受贿罪权钱交易的本质及共同犯罪的基本原理,按照由正犯到共犯的逻辑顺序进行。具言之,先根据权钱交易的本质确定哪些财物系贿赂财物,再根据共同犯罪的一般原理来认定共同受贿故意和共同受贿行为。虽然相关规范性文件明确了构成共同受贿犯罪的若干情形,但这并非创设了认定共同受贿犯罪的新标准,而仅仅是对实践中某些典型性共同受贿情形的具体反映,因此不能作为认定共同受贿犯罪的唯一依据。

关键词:受贿罪　共同犯罪　权钱交易

一、问题的提出:司法实践中认定共同受贿犯罪的难点

关于共同受贿的认定问题是司法实践中的一个难点。其主要表现为以下三个方面:

(一)贿赂财物不直接由国家工作人员占有导致正犯的犯罪故意难以认定

根据各共同犯罪人在共同犯罪中的分工的不同,共同犯罪人可分为正犯和共犯。其中,正犯是对侵害结果或者危险结果的发生具有支配作用的人,①简单来说,正犯就是支配犯罪的人,通常为实行犯;共犯指教唆犯和帮助犯。但是由于受贿罪是真正的身份犯,只有具有国家工作人员身份的人才能构成共同受贿犯罪的正犯,其他人只能构成受贿罪的教唆犯或者帮助犯。又由于受贿罪是故意犯罪,因此构成受贿罪,国家工作人员必须要有收受贿赂的故意,换言之,其应对客观上存在,且又在其控制或者使用或者支配下的具有贿赂性质的财物具有明知。但在贿赂财物不直接由国家工作人员占有的情况下,如何确定其对该财物具有收受的故意,就成为难题。

---

* 王聚涛,江苏省常州市天宁区人民检察院第六检察部主任。

① 参见张明楷:《刑法学》(第5版),法律出版社2016年版,第392页。

（二）第三人（中间人）介入打乱了行贿和受贿的惯常模式

贿赂犯罪是对合犯。一般情况下，典型的行贿和受贿犯罪模式是行贿人直接将贿赂财物给予受贿人，即表现为一对一的构造。但是在介入第三人或者中间人的情况下，情形会变得复杂难辨。因为一旦在行贿人和受贿人中间介入第三人，尤其是在第三人既是收钱的一方又是送钱的一方时，对其身份该如何评价（是作为行贿方还是作为受贿方）极易引发争议。由于"第三者插足"，在一定程度上打乱了典型一对一行贿和受贿的模式，让行贿者和受贿者的身份界限变得模糊不清。

（三）共同受贿故意难以认定

贿赂犯罪本身具有作案手段比较隐蔽的特点，行受贿双方会基于各种各样的原因，在表达贿赂的意思时往往较为含蓄，甚至不会明说或者不加追问，这种情况下怎么确定国家工作人员与他人具有共同犯罪故意就较为困难。由此，还产生一种认识上的误区，即在以一定比例收受好处费的案件中，当第三人提出以一定比例支付给国家工作人员好处费时，该第三人与国家工作人员就具有了共同收受好处费的故意，且按比例分别占有贿赂款是一种分赃行为，故认定国家工作人员受贿金额时，以全部金额计算，而不以实际占有的金额计算，国家工作人员与第三人成立受贿罪的共同犯罪。

二、回归本源：认定共同受贿犯罪的路径选择

共同受贿的情形多种多样，但无论犯罪形式如何不同，本质上并无不同，认定犯罪的原理都是一致的。因此，认定共同受贿犯罪，要回归到受贿罪和共同犯罪的基本原理上来。只有严格遵循认定犯罪的基本法则，才能够在似是而非的争论中厘清思路，在纷繁复杂的事实中抓住关键所在。具体而言：

（一）要牢牢把握受贿犯罪的"权钱交易"本质

我国受贿罪所侵犯的客体（法益）是国家工作人员职务行为的廉洁性和不可收买性。这种不可收买性至少具有两方面的内容：第一，职务行为的不可收买性本身；第二，国民对职务行为不可收买性的信赖。国家工作人员收受他人贿赂，利用职务便利为他人谋利，从而放弃了公权公用的职业操守，将公权力沦为谋取私利的工具。因此，受贿罪的本质就是权钱交易——行贿人用金钱收买权力，受贿人用权力获得不正当报酬。也正是基于受贿罪之权钱交易的本质，即使国家工作人员离职后收取钱财的，只要其在离职前与行贿人有过约定，抑或国家工作人员为他人谋利时没有收财的意思，但事后收财的行为是之前为他人谋利的对价，或者二者之间有直接关联的，均可认为符合权钱交易的本质，因而应当认定为受贿犯罪。

（二）要基于"权钱交易"的本质准确认定公务行为的对价

在受贿犯罪中，国家工作人员利用职务之便为请托人谋取利益，收受请托人钱财。在这场"权钱交易"中，权力的对价是国家工作人员从请托人处所收受的财物。因具有收

买国家工作人员手中公务行为或者公权力的意图,这种财物才具有了规范意义上的贿赂性质。在一般案件中,一边是国家工作人员办事,一边是请托人送钱,权和钱之间的对价性比较明显。但是,在有些案件中,这种对价性并不那么清晰。要根据权钱交易的本质来区分清楚请托人(行贿人)送给国家工作人员的财物中有哪些是基于国家工作人员行使的公务行为而送出的,哪些是基于其他原因而送出的,或者说,根据权钱交易的本质来区分国家工作人员所收受的财物中哪些是利用职务之便(为他人谋利后)获得的。只有这样才能合理认定一笔款项的性质是不是贿赂款,是不是权钱交易意义上的权力对价物。对于那些不属于权力对价意义上的财物,坚决不能认定为对公务行为的贿赂。

(三)结合共同犯罪的一般原理来认定共同受贿故意

成立共同犯罪,要求共同犯罪人之间存在共同故意和共同行为。由于在一般情况下客观行为往往是主观故意的反映,故这里着重要论证是否具有共同故意。

一般而言,共同故意包括两个方面:第一,共犯人均具有犯罪故意,即各共犯人不仅认识到自己有犯罪故意,而且认识到其他人也有犯罪故意。即使共犯人犯罪故意的内容不完全相同,也不影响故意犯罪的成立。第二,共犯人之间具有相互协作的意思。这是共同故意的核心。成立共同犯罪,要求共犯人主观上存在意思联络或意思疏通,相互沟通,都认识到自己不是在孤立地实施犯罪,而是在和他人一起共同犯罪。

具体到共同受贿犯罪而言,国家工作人员与非国家工作人员具有共同故意,要求二者存在意思联络,亦即双方在犯罪意思上进行互相沟通,且意识到相互协作会实现权钱交易的后果。当国家工作人员与非国家工作人员之间形成意思联络,即明知或者意识到二者形成一个整体,并通过公务行为获取不正当报酬时,就可认定为二者有共同的犯罪故意。具言之,从正犯即国家工作人员的角度来看,其认识到通过职务上的便利为他人谋利(当然不要求实际谋取到利益)并以此获得相应的对价,并且该过程与他人一起完成,他人在自己受贿过程中出了一份力(实施了教唆或帮助行为);从共犯即其他非国家工作人员的角度来看,其认识到国家工作人员通过行使职务行为为他人谋利,并且对应一定的好处,这些好处与国家工作人员的职务行为有直接关联,是职务行为的直接产物,而非来自其他原因行为,其实施了一定的协助行为,二者共同促使完成权钱交易。

相关规范性文件①中有国家工作人员与非国家工作人员之间“通谋”字样的表述。“通谋”或者说“共谋”,不仅表明共同犯罪人之间具有共同的犯罪故意,而且“通谋”本身就是一种共同犯罪行为。因此,即使仅参与犯罪谋议而未参与犯罪实行的,也应当认为构成共同犯罪。②

(四)具体认定犯罪时坚持先正犯后共犯的逻辑顺序

由于正犯是对法益造成侵害结果或者危险结果具有支配力的人,因此在处理共同犯

① 如2007年最高人民法院、最高人民检察院发布的《关于办理受贿刑事案件适用法律若干问题的意见》。
② 参见高铭暄、马克昌主编:《刑法学》(第7版),北京大学出版社、高等教育出版社2016年版,第165页。

罪案件时,要先确认正犯,在正犯的行为符合构成要件且违法的前提下,再判断是否存在教唆犯、帮助犯,这是认定共同犯罪的最佳路径。[①] 具体而言,应当先看作为正犯的国家工作人员客观上实施了哪些行为,哪些行为是由其本人实施的,哪些是由他人实施的,由他人实施的行为是不是其授意、安排、指使抑或共同协商(包括心照不宣)的结果,由此来判断其主观明知的范围,即是否意识到与他人一起实施了受贿犯罪。在确定正犯后,再判断共犯,看共犯客观上实施了哪些行为,这些行为是不是在国家工作人员授意、安排、指使之下或者经过共同协商之后实施的,其对此是否明知。通过以上判断来准确认定是否具有共同故意以及是否均构成受贿罪的共同犯罪。

(五)结合证据复核精准归纳法律事实

刑罚理论是明确的,刑法条文是清楚的,但具体案件却是复杂甚至模糊的。要准确运用刑罚理论,正确适用刑法条文,首先必须提供一个清晰明确的案件事实。审查案件的重要任务就是通过对侦查(调查)机关收集、调取的证据进行甄别、判断、梳理、分析,从中归纳总结出最符合客观真实的案件事实。审查案件不能仅仅停留于书面审查,更要与侦查人员、调查人员进行交流,与被讯(询)问者近距离接触,通过交流来真正摸清、掌握他们想要表达的真实意思。在贿赂案件中,除了行贿和受贿双方的言词笔录,我们找不到认定犯罪的更好的依据,言词笔录的重要性不言而喻。因此,在办理受贿案件时,更要十分重视言词证据的复核工作,一定要对犯罪嫌疑人进行详细讯问,对证人进行仔细询问,必要时还要审查同步讯问的录音录像,看看笔录记载内容与录音录像中犯罪嫌疑人、证人的言词是否一致,若不一致,则要查明相应原因,排除合理怀疑。

三、实践运用:对相关争议案例的分析

(一)案例 1:被告人周某某等人受贿案[②]

1. 基本案情及分歧意见

舟山市临城新区开发建设有限公司办公室主任,前综合开发处负责人周某某利用职务之便,要求建新公司负责人朱某某与其妻舅虞某某合作承接填渣工程,但同时又提出虞某某无须参与该工程的具体管理,也无须付出劳务、费用等,工程结束后分一部分利润给虞某某。建新公司为了能承接该工程便表示同意,并将工程利润的一半共计 50 万元分给虞某某,后虞某某从 50 万元中拿出 5 万元作为感谢费送给周某某的妻子。

---

① 参见张明楷:《刑法学》(第 5 版),法律出版社 2016 年版,第 384 页。

② 中华人民共和国最高人民法院刑事审判第一、二、三、四、五庭主办:《刑事审判参考》(总第 93 集),法律出版社 2014 年版。

关于周某某、虞某某的定性有三种不同意见。① 第一种意见认为,周某某通过授意,使虞某某在没有实际出资,也未参与经营、管理的情况下,以合作承接工程的名义获取利润,且虞某某在收取50万元利润款后将其中的5万元交给周某某的妻子,周某某知道后予以默认,因而可以认定周某某、虞某某主观上具有收受贿赂的共同故意,二被告人构成共同受贿罪。第二种意见认为,周某某、虞某某主观上并无通过以参与工程为名向建新公司索取50万元的共同故意,而朱某某主观上并没有向周某某、虞某某行贿的故意,故指控被告人构成共同受贿的证据不足。但虞某某为感谢周某某的帮忙而送给周某某的妻子5万元,应当认定周某某受贿。第三种意见认为,周某某利用职务上的便利,为朱某某谋取利益,授意朱某某通过与虞某某合作承接工程的方式,让虞某某获取利润,应当以受贿论处。虞某某作为周某某的特定关系人,对此是明知的,系与周某某有通谋,应当以受贿罪的共犯论处。

2. 案例分析

首先,本案中的正犯是周某某,因为只有周某某具有国家工作人员身份。

其次,周某某利用职务之便为他人谋利的对价是50万元而非5万元。50万元虽然名义上是利润分成,但虞某某并未参与工程的经营、管理也未出资,不符合正常生产经营的基本规律,不是合法所得。虞某某之所以能够获得50万元利润,完全是周某某向建新公司提出要求所致,而建新公司之所以答应,无非是希望利用周某某手中的职权,所以这50万元其实是周某某利用职务之便帮助建新公司承接工程之后的好处费,是权钱交易的对价。

再次,对这50万元的性质周某某和虞某某均有主观明知。第一,周某某和虞某某均清楚,虞某某实际上并未参与工程经营管理,也未出资,却凭空获得50万元利润。第二,建新公司作为请托方有求于周某某,所以答应周某某所提出的与虞某某合作的要求。不仅周某某清楚,而且虞某某也应当知道其之所以能拿到50万元,与周某某事先打招呼,以及与周某某担任舟山市临城新区开发建设有限公司综合开发处负责人的身份密不可分,即50万元与周某某的职务行为有着密切关联。

最后,二人有共同受贿犯罪的故意和行为。作为正犯的周某某利用职权为请托人谋利,并提出以合作的方式让虞某某不劳而获,而虞某某在客观上确实收受并占有了贿赂款,因此具有共同受贿行为。

综上,周某某与虞某某构成受贿罪的共同犯罪。也因此,即使虞某某没有从中拿出5

---

① 详见《周龙苗等受贿案——非特定关系人凭借国家工作人员的关系"挂名"取酬并将财物分与国家工作人员的是否构成共同受贿》,载中华人民共和国最高人民法院刑事审判第一、二、三、四、五庭主办:《刑事审判参考》(总第93集),法律出版社2014年版。

万元作为感谢费送给周某某的妻子,也不影响共同犯罪的认定。[①]

(二)案例 2:被告人王晓刚受贿案

1. 基本案情及分歧意见

2002 年至 2015 年期间,王某某为违规帮他人办理北京户口,联络需要违规办户口的家长并收取好处费。王某某在截留部分钱款后,将好处费交给下线张某全(另案处理),张某全再请托北京市公安局某分局所辖派出所户籍民警刘某(另案处理),并给予刘某好处费,共计 181 万元。被告人王某某从中获利 65 万元。

该案经历了一审、二审,共有三种意见。[②] 一审检察院和法院均认为,被告人王某某明知他人身为国家工作人员,为谋取不正当利益,伙同他人给予国家工作人员财物,其行为构成行贿罪。被告人王某某的辩护人认为,现有证据不能证明王某某与下线张某全、民警刘某间存在行贿和受贿合意,王某某的行为应构成介绍贿赂罪。二审检察院和法院却认为,被告人王某某伙同他人,利用国家工作人员的职务便利,非法收受财物,谋取不法利益,其行为构成受贿罪,且受贿数额巨大。

2. 案例分析

本案中的正犯为民警刘某,其接受张某全请托后,利用职务之便从张某全处收受贿赂款 181 万元,这是比较清楚的事实。刘某的行为显然构成受贿罪,这自不必说。但王某某是否与刘某构成受贿罪的共同犯罪呢?

一审判决书[③]显示,王某某是在听同事说张某全能找人给外地人办北京户口后,通过张某全给其同事、朋友的孩子违规办理北京户口,户口都是民警刘某办的。王某某先收钱然后再给张某全,由张某全联系刘某,这中间王某某会留下一部分钱,算是给自己的好处费。从供述中可以看出,王某某知道张某全是请托民警刘某办理的户口,也知道张某全可能会给刘某好处费,而且每次接受他人请托后都是先问张某全能不能办,得到肯定回答后再收钱。虽然自始至终王某某并未与刘某直接沟通、联系,但其很清楚其和张某全并无办理户口的权限,之所以能为他人办理户口,都是利用了刘某的职务之便,且由于多次这样操作,已经在其和张某全以及刘某之间都心照不宣,即使没有明说,也都默认了这样一种权钱交易模式。因此,可以认为王某某、张某全与刘某之间均具有利用刘某职务行为收受贿赂的故意,符合共同犯罪中共同故意的要求,应当认定为受贿罪的共同犯

① 该案审判机关认定周某某、虞某某属于共同犯罪的理由是:周某某明知虞某某不是临城当地人且无资质,不能承接该工程,仍根据虞某某的请求,利用职务之便,向要求承接该工程的建新公司总经理朱某某提出让虞某某参与合作承接工程,让不具资质的虞某某既不实际出资,也不用实际参与经营、管理,仍让虞某某以合作承接工程的名义获取利润 50 万元,还默认妻子收下虞某某分得的 5 万元赃款。以上事实足以认定周某某、虞某某主观上具有收受贿赂的共同故意和行为。被告人周某某伙同被告人虞某某共同收受他人 50 万元,其中周某某分得 5 万元,虞某某分得 45 万元,二被告人的行为均构成受贿罪。

② 参见杨立军、王硕:《层层转请托型贿赂犯罪中间人的定性应个案分析》,载《人民司法》2019 年第 20 期。

③ 参见北京市第三中级人民法院刑事判决书,(2017)京 0105 刑初 2340 号。

罪。当然,由于刘某并不知道王某某、张某全收受好处费的数额,张某全也不知道王某某收受好处费的数额,因此根据主客观相一致原则,在认定受贿数额时,应当以各自所收到的贿赂款数额认定。①

四、正本清源:对两个规范性文件的再认识

两个规范性文件指2003年《全国法院审理经济犯罪案件工作座谈会纪要》和2007年最高人民法院、最高人民检察院《关于办理受贿刑事案件适用法律若干问题的意见》。

(一)2003年《全国法院审理经济犯罪案件工作座谈会纪要》(以下简称《纪要》)

《纪要》中关于共同受贿犯罪的规定,概括起来有以下三种情形:(1)国家工作人员的近亲属向国家工作人员代为转达请托事项,收受请托人财物并告知该国家工作人员的;(2)国家工作人员明知其近亲属收受了他人财物,仍按照近亲属的要求利用职权为他人谋取利益的;(3)近亲属以外的其他人与国家工作人员通谋,由国家工作人员利用职务上的便利为请托人谋取利益,收受请托人财物后双方共同占有的。

在第一种情形中,近亲属实际上是共同受贿犯罪的帮助犯。根据共同犯罪的一般原理,从近亲属代为转达请托事项、收受请托人财物并告知国家工作人员的表述中,可以得出近亲属与国家工作人员有收受贿赂的意思联络,且在客观上共同实施了收财的行为。因为近亲属与国家工作人员属于利益共同体,在国家工作人员主观明知的情况下,近亲属收受财物可视为国家工作人员收受财物,当然应当认定为共同受贿犯罪。在第二种情形中,近亲属是共同受贿犯罪的教唆犯。根据共同犯罪的一般原理,在该种情形中,近亲属收受财物并唆使国家工作人为请托人谋利,继而完成权钱交易的行为,应当认定为教唆国家工作人员实施受贿犯罪,自然应当认定为受贿犯罪的教唆犯。在第三种情形中,根据共同犯罪的一般原理,近亲属以外的其他人与国家工作人员“通谋”,则说明两者之间具有共同受贿犯罪的意思联络,且是双向意思联络;收受请托人财物后双方“共同占有”,则说明二者又有共同收受贿赂的故意和行为。有共同故意、共同行为,当然构成共同受贿犯罪,这是不言自明的。

---

① 本案二审判决书关于定性的分析:关于本案的定性,主要涉及三个罪名,即介绍贿赂罪、行贿罪、受贿罪。介绍贿赂罪的法定最高刑为三年有期徒刑,与行贿罪、受贿罪在法定刑上存在明显区分。根据《刑法》的规定,只有情节严重的介绍贿赂行为才成立介绍贿赂罪;而刑法之所以要求情节严重,显然是因为介绍贿赂行为本身对法益的侵害还没有达到应当追究刑事责任的程度,因此,介绍贿赂行为本身应当仅限于相对轻微的行为,与本案王某某的行为明显不符。行贿罪的本质特征是行为人通过付出钱财获取利益,而在本案中,作为行、受贿链条中的中间人,王某某既不是利益的获得者,也不是赃款的支付者,认定行贿罪明显不妥。而且,对于转托型中间人认定行贿罪,所切分的利益仅认定为违法所得予以追缴,其行为对法益的侵害并未得到完整评价,且认定共同行贿易导致量刑失衡,有违罪责刑相适应原则。相反,王某某、张某全作为中间人和国家工作人员具有共同的利益诉求,即通过帮助违规办理落户进而获利,其行为实质是利用国家工作人员职权行为共同受贿。鉴于王某某在其所参与的共同受贿中,与张某全等人在主观上存在概括的受贿故意,对其他受贿共犯各自收取受贿钱款的数额并不知晓,故应以其实际所得额确定受贿数额。参见北京市第三中级人民法院刑事判决书,(2018)京03刑终492号。

(二)2007 年《关于办理受贿刑事案件适用法律若干问题的意见》(以下简称《意见》)

《意见》列举了特定关系人以及特定关系人以外的人与国家工作人员构成共同受贿犯罪的两种情形①:(1)特定关系人与国家工作人员通谋,共同实施由国家工作人员利用职务上的便利为请托人谋取利益,请托人将有关财物给予特定关系人的;(2)特定关系人以外的其他人与国家工作人员通谋,由国家工作人员利用职务上的便利为请托人谋取利益,收受请托人财物后双方共同占有的。现根据共同犯罪的一般原理逐一分析:

在第一种情形中,特定关系人与国家工作人员之间既然有"通谋",则说明二者有共同实施受贿犯罪的合意或者说意思联络,而"共同实施由国家工作人员利用职务上的便利为请托人谋取利益,请托人将有关财物给予特定关系人",则说明在谋利和收财等客观事项上,二者各自分工,形成相互协作的整体,因此,符合共同犯罪构成要件,应当认定为共同受贿犯罪。

在第二种情形中,特定关系人以外的人员与国家工作人员构成共同受贿,除了要求通谋之外,还增加了收受请托人财物后双方"共同占有"的条件。对此该如何理解?这种规定是属于注意规定还是创设新的共犯认定标准呢?

我们知道,司法解释不能创设法律,只能对既有的法律进行解释。既然特定关系人以外的其他人与国家工作人员"通谋",势必就"权钱交易"的问题进行过商议。根据共同犯罪的一般原理,这种"商议"起码引起或者增强、促进了国家工作人员实施受贿行为的故意和决心,即使没有共同占有财物,也足以认定其构成受贿犯罪的共犯。因此,上述规定应是一种提示性规定,目的是提醒实务部门在认定特定关系人以外的人员构成受贿罪的共犯时要更加谨慎,防止客观归罪,但也绝不是说这些人员构成受贿罪的共犯,一定要满足"共同占有"的要件。

---

① 《意见》规定:特定关系人与国家工作人员通谋,共同实施前款行为的,对特定关系人以受贿罪的共犯论处。特定关系人以外的其他人与国家工作人员通谋,由国家工作人员利用职务上的便利为请托人谋取利益,收受请托人财物后双方共同占有的,以受贿罪的共犯论处。

司法保护下的未成年人出入罪探析

江苏省无锡市人民检察院课题组*

摘要：未成年人因其正处在成长发育的特殊时期，有着与成年人完全不同的身心特点和社会认知，有的无行为能力或限制行为能力。在未成年人出入罪的认定上，需要区别于一般的普通刑事犯罪。认定没有固定模式，但并不表示没有规律可循。在法律规则的框架下，分析未成年人犯罪的特点和成因，运用经验法则，以常情、常理、常识等，结合未成年人个案的不同特点，考量需要把握的因素，从而作出符合客观要求的准确定性判断，真正实现预防未成年人犯罪，减少侵害未成年人的现象，形成未成年人保护的大格局。

关键词：未成年人保护　涉未成年人犯罪　性侵　司法认定

涉未成年人犯罪既包含未成年人犯罪，也包含侵犯未成年人犯罪，与单纯成年人犯罪明显不同。认定未成年人犯罪需以保护未成年人为前提，着眼国家民族未来的发展，切实把握未成年人身心发育和心理成长的特点，才不至于出现认定偏差。当然，在涉未成年人犯罪的认定中，既要保护受侵害的未成年人，也要对犯罪的未成年人予以恰当的教育和惩处，符合法律规定的入罪标准，应当依法入罪，符合出罪条件的依法出罪，真正对未成年人的健康成长负责。

一、未成年人犯罪呈现出的新情况

据最高人民检察院《未成年人检察工作白皮书(2021)》统计，2020 年受理审查起诉的未成年人犯罪中，低龄未成年人犯罪占比有所回升，近三年呈上升态势。有些低龄未

---

* 课题负责人：奚根宝，江苏省无锡市人民检察院检察官；课题组成员：李红霞，天津市人民检察院第三分院检察官。本文系国家检察官学院 2021 年度科研基金项目“未成年人出入罪实务研究”研究成果（课题编号：GJY2021C09）。

成年人恶性犯罪的手段残忍程度让人惊讶,少数低龄未成年人犯罪时表现出的冷血和无情,要引起重视。

(一)低龄少年恶性犯罪令人深思

未成年人犯罪数量在多年下降后又有所抬头,犯罪涉及斗殴、奸淫、霸凌等多领域,手段多、花样新,低龄化、暴力化、不计后果的情形增多。有一些未达刑事责任年龄的未成年人实施的恶性犯罪,不断挑战社会所能容忍的底线。2018 年,湖南某地一名小学六年级男生吴某某因对母亲的严厉管教不满,被母亲教育后心生怨恨,持刀将自己的亲生母亲杀害在家中。在审讯中,这名年仅 12 岁的男孩却说:"我又没杀别人,杀的是我妈!"吴某某杀了人以后一点都不害怕,很沉着。在他的潜意识里,杀害自己的母亲是被允许的。未成年人司法保护不应堕落为对未成年人恶性犯罪的保护。少数未成年人犯罪手段非常残忍,犯罪之后没有半点悔意,这些人明知自己在法律上不用承担刑事责任,所以就表现得非常疯狂和无所畏惧。

(二)破窗理论诱发的示范效应

一幢建筑物上的窗户如果被人打坏了玻璃,而这扇窗户的玻璃又得不到及时地维修,看到破窗户的人就可能受到某些示范性的诱惑,去打烂周围建筑物上更多的窗户,并认为无须承担相应责任。时间一久,这些破窗户就给人造成一种无序的感觉。在这种公众麻木不仁的氛围中,犯罪就会发生,甚至进一步蔓延,这就是破窗理论的示范效应。虽然有的未成年人恶性犯罪现象占比是少数,但引起的破窗效应仍不可忽视,特别是在当前信息传播极为发达的时代,不可低估这种特别"少数"所带来的极大的震动性和感染力。由于目前社会上低龄未成年人犯罪现象的"破窗"已经客观存在、无法回避,加之现代网络通信发达,如得不到及时遏制、屏蔽,就会在各处滋生蔓延,进而有可能会形成犯罪常态化的非正常现象。

(三)无限宽容有触碰底线的趋势

未成年人司法保护不是无原则地放纵违法犯罪,无原则的宽容是对整个社会公平正义的极大伤害。一些学者认为,保护未成年人应该规定一定年龄以下的未成年人无论发生什么行为都不应承担刑事责任。主要理由是未成年人无行为能力或限制行为能力,推定为不能认识自己行为的后果,不具有健全的自由意志,因而无须承担责任。应该给未成年人悔过自新的机会,所以应该用教育来代替惩戒。对未成年人的无底线宽容是与法治原则不相兼容的。在司法实践中,过度宽容等于给一些未成年人颁发了可以随意杀人、放火、强奸的犯罪执照,这就会威胁其他人的自然权利,增加了所有人的生存风险。如果未成年受害者也得不到正义伸张,这有可能就成了"未成年人犯罪保护"了。

二、未成年人犯罪背景原因分析

一般来讲,未成年人犯罪与经济水平、治理环境、家庭教育、个人经历、社会开放程度等因素都会有一定的关联性。

(一)社会发展和治理问题的影响

有些如抢劫或盗窃的涉财型犯罪,通常都是跟未成年人当时的经济状况挂钩。未成年人很多时候实施这样的违法犯罪,都是为了满足自己经济上的需求。随着经济的发展,物质的丰富,物质方面的要求会有所下降。早期的寻衅滋事、聚众斗殴、故意伤害等,可能按照物理距离远近,就近召集身边的朋友,但现在的情况不同,都是利用现代网络、QQ或微信群进行召唤,稍微一约就是几十人上百人。聚众斗殴、寻衅滋事、强奸案的发生率上升,实际上也反映出,家庭、学校管理和社会治理可能没有完全跟上社会的发展。如寻衅滋事跟未成年人从小的教育是密切相关的,学校和家长对处理矛盾的方式方法、引导教育都是比较缺乏的。强奸、猥亵儿童犯罪的设定则反映了整个社会对原本比较隐蔽的性侵类行为有了不同形式发现和处理方式,对性侵害行为的重视程度和敏感度有所提高。如强制报告制度的诞生,有效地提高了对此类犯罪的发现能力。

(二)社会变革使未成年人趋向早熟

社会从相对封闭到自由流动,从以地域为限进入开放的网络时代,生活条件的改善也进一步打破了成人与未成年人的樊篱,少年和成年的界限逐渐模糊。不得不承认,无论是生理意义上还是社会意义上的青少年,都已经面临普遍早熟的状况。当早熟与"恶意"的成人世界相互浸染碰撞,如果未能在认知世界时得到正确的引导,过早产生的"恶意"也会自然而萌生。十八岁以下的孩子未必就不知道恶、或不作恶,相反他们有的知道的比成人更多、更复杂。有一位家长在电脑操作,其远房亲戚家的10岁小孩非要在键盘上乱拨,家长告诉他离远点,那小孩出去转头到厨房顺了一把水果刀进来,威胁说:"电脑给我玩,不然我一刀杀了你,我未成年,杀人不犯法。"网络上还流传一名8岁男孩对一名3岁幼孩进行摔、打、踩、踹后的坠楼事件,当受害孩子家长质问8岁男孩父母为何不严加管教时,对方只回了一句:"孩子都8岁了,没必要一直跟着。"①由此,我们可以看到,一些早熟的未成年人得以成为装在儿童身躯里的"大人",躲过了法律或道德红线的约束和规制。原本为了保护未成年人的规定,就会成为纵容恶性犯罪的"尚方宝剑"。

(三)对未成年人犯罪的惩处与其对社会的伤害不对等

有的未成年人犯罪后,认为自己不需要承担法律责任,就对犯罪习以为常;有的未成年人违法犯罪后,并没有受到相应的惩处,违法犯罪行为可能会被纵容。对未成年人犯罪,要区分层次,查明主观恶性状况,分析犯罪具体原因,分情况对待以决定判处轻缓刑。对涉案未成年人开展相关的教育、管束显得十分必要和不可或缺。对未成年人的特殊保

---

① 参见李月亮:《杀人、撒谎、作伪证?湖南3岁幼儿坠楼,凶手疑是8岁男孩,视频曝光,人们毛骨悚然……》,载微信公众号"我是王耳朵",https://mp.weixin.qq.com/s/TsLRgLbL01NfUENwVUJQmw,最后访问日期:2022年6月26日。

护、优先保护,并不意味着什么都得保护。社会各界普遍对未成年人工作非常重视,司法层面要着眼于国家民族的未来,在未成年人保护工作的法律制度上提出符合时代特点的科学设计,尤其是对已进入司法程序的未成年人,本着保护未成年人权利的理念开展恢复性司法,对未成年人尽可能多地保护,然后让他们在这个过程中能触发灵魂,认真悔改、吸取教训,能够早日回归社会,所以通常是轻判、免予刑事处罚或者附条件起诉、不起诉等一些措施。但往往在这些保护性措施的实施过程中,也会让有些不良少年有空可钻,认为少年犯法并无大碍,对威严的法律缺乏敬畏,甚至对违法犯罪不以为然。还有些黑恶势力可能利用了对未成年人的保护性政策,来实施犯罪行为。所以对未成年人的恶性犯罪,以及利用未成年人进行的犯罪,要加大惩处力度,保持适度对等。

三、未成年人出入罪的因素考量

犯罪实际是跟人的情绪控制能力和行为控制能力有关,但未成年人大脑中控制情绪和行为的这一部分还未完全成熟,仍处在发育期。现代心理学研究成果表明,人的情绪和行为控制能力在 24 周岁至 26 周岁时才能完全成熟。但随着年龄的增长,一些正义与否方面的基本判断在 16 周岁至 18 周岁时就应该具备。

(一)把握未成年人身心特点

未成年人在性成熟前有哺乳期与幼儿期。一般而言,未成年人的体力、思维能力与行为能力远不如成年人,需要成年人的安全保护,尤其要保护其免受来自成年人的侵害。为了基因绵延与社会存续,社会层面达成共识,相对于成年人侵害成年人的权益,成年人侵害未成年人的权益的性质更严重,应对侵害的成年人施以更重的惩罚。因未成年人的心智发育还不健全,其侵害行为应当从宽从轻考量,以突出对未成年人的保护。对未成年人的宽宥不仅体现在刑法上,在民法中也一样能体现出对未成年人的保护。未成年人是无行为能力或限制行为能力的,其部分民事行为不具有法律效力。因此,一个成年人不能绕过未成年人的法定代理人,与无行为能力的儿童直接签订合同。这种规则是在假定年龄太小的儿童不具有保护自身权益的能力的情况下产生的。因此,未成年人生理心理上的不成熟,天然具备了出罪的条件。

(二)关注个案的主客观情形

未成年人的身心处在成长发育期的特点,决定了其犯罪的个案情形都不会一样。案件办理中需结合个案具体案情,从发生的动机、客观行为、侵害客体、行为背景等方面,具体分析、综合把握,究竟哪些犯罪可以从宽,哪些应当依法从严惩治。同一种犯罪什么情形需要从宽、什么情形需要从严,只有把个案情况摸准弄透,深入研究未成年人成长教育环境、犯罪心理、动因等情况,并结合未成年人教育、感化、挽救的方针,进行个别化、差异化处理,精准运用到不同的个案办理实践中,才能办理好涉未成年人犯罪的案件。未成年人犯罪个案中的特殊因素,不同类型案件一般规律等需要分析透彻,才能更扎实地把案件办准办好,从而更有效地惩治和预防涉未成年人的犯罪。如在某电信营销诈骗案中,有两名未成年人因高中毕业后找工作误入诈骗公司从事电话接打营销业务。此类案件在定罪量刑时就应当十分慎重,不能一概而论,若其是未满 18 周岁的底层员工,其心智成熟度明显弱于正常成年人,并且没有主观恶性,一般都可作不起诉处理。

(三)从严惩处恶性犯罪

对于未成年人严重的刑事犯罪,应区别于一般的普通刑事犯罪,防止保护过度,变相纵容。符合追诉标准的,必须依法追诉惩治,让涉罪未成年人明白违法就必须要付出代价,这也是为了更好教育社会、家长和广大青少年。同时,也是警醒广大未成年人不断增强法治意识、规则意识,更好地明辨是非、引以为戒。很多涉罪未成年人,既是犯罪的实施者,也是犯罪的受害者,还有可能是其他未成年人涉案涉罪的帮凶。如何让未成年人茁壮成长、健康成才,营造良好的法治环境,关系到千家万户的幸福和国家的长治久安,也是国家治理体系和治理能力现代化的应有之义。2020 年 1 月 19 日,在全国检察机关未成年人检察工作会议上,张军检察长指出,对于一些恶性犯罪,涉案未成年人主观恶性深、犯罪手段残忍、社会危害大的,必须依法惩治,绝不纵容。对于那些还没有达到刑事责任年龄的,也应当严加管束,要会同相关部门落实好教育矫治,使其不致继续危害社会。①

(四)专门教育体系规制

专门教育是管束涉罪错不深的未成年人的一种有效方式,让涉罪错未成年人既能有效接受教育矫治,又能学习到知识,为走向社会做好准备。实践证明,专门学校是防治未成年人违法犯罪,让他们较好回归社会的一种行之有效的举措,是我国社会治理中积累的宝贵经验。专门教育是国民体系的组成部分,是对有严重不良行为的未成年人进行教育和矫治的重要保护处分措施。省级人民政府应当将专门学校建设纳入经济社会发展总体规划;县级以上地方人民政府成立专门教育指导委员会,根据需要合理设置专门学校。对有严重不良行为的未成年人,经专门教育指导委员会评估,公安机关可以决定将其送入专门学校接受专门教育。② 对有严重不良行为的未成年人,未成年人的父母或者其他监护人、未成年人所在学校无力管教或者管教无效的,可以向专门教育指导委员会提出申请,经评估决定后送入专门学校接受教育。

四、未成年人犯罪案件的证据采信

未成年人犯罪的证据采信标准是一个十分复杂的系统工程,既要严格按照法律规定

---

① 参见《最高检:对未成年人恶性犯罪必须依法惩治　绝不纵容》,载中国新闻网,最后访问日期:2022 年 4 月 5 日。

② 参见于阳、孙传浩:《罪错未成年人处遇决定机制的改革困境与合理构建》,载《政法学刊》2021 年第 2 期。

执行,也要综合考虑家庭、社会、学校的方方面面。由于未成年人年龄小,认知尚未成熟,有的未成年被告人很难完整陈述侵害的过程,其陈述也具有一定的不稳定性,特别是有的案件律师介入后,会随意推翻变换以前的供述,且此类案件的被告人往往是对犯罪并没有什么概念的。如某未成年人故意伤害案,在一开始未成年被告人供述是由"老大"让自己先拿刀砍了人的,后来律师介入后,就改口说是双方在撕扯中不小心伤到对方的。在这类客观证据不完整,甚至缺失的情况中,对证据如何采信是案件处理中的难题。证据标准又该如何把握,不仅需要一定的经验法则,还要有对未成年人身心特点掌握得比较透彻的丰富阅历和知识。

审查标准过高,不利于此类案件的办理,会纵容犯罪;标准过低会伤害到未成年人,还可能得不到法院的支持。未成年人案件证据中的言词证据是关键。对未成年人案件言词证据的审查,应当根据未成年人的身心特点进行审查判断,以符合未成年人的心智成熟度为基石,构建完整的未成年人案件的专门的证据体系。对于未成年人犯罪证据的审查,应当综合考虑未成年人对犯罪的认识能力,实施犯罪行为时的动机和目的,当时的现场场景,犯罪时的真实年龄,是否为初犯、偶犯,悔罪表现,个人成长经历和一贯表现等情况,予以全面衡量。①

① 参见何挺:《如何破解低龄未成年人犯罪治理难题》,载祖国网,最后访问日期:2022 年 4 月 5 日。

司法工作人员职务犯罪“取证难”的原因与对策

褚宸舸　梁　勇　周　颖*

摘要：当前，检察机关查办职务犯罪力度虽逐年加大但是案件数量却不尽如人意。从犯罪主体的角度来看，司法工作人员职务犯罪“取证难”主要是因为犯罪嫌疑人的犯罪手段隐蔽，反侦查意识强，查办阻力明显。从侦查取证主体的角度来看，“取证难”主要是因为检察机关侦办力量薄弱，侦查取证手段不足，模式单一，证明标准要求高。为了破解“取证难”问题，建议坚持“由证到供”，注重收集客观证据；巧妙运用审讯策略，确立侦查重点；关注重点人群，建立鼓励证人作证的制度；发挥技术优势，建立侦技协同机制；组建专业办案团队，培育专门人才。

关键词：检察机关　司法工作人员　职务犯罪　取证难

司法工作人员是指有侦查、检察、审判、监管职责的工作人员。国家监察体制改革后，检察机关仍然保留对在诉讼监督中发现的司法工作人员利用职权实施的徇私枉法等14个罪名的侦查权。近年来，全国检察机关依法履职，查处司法工作人员职务犯罪的案件数量不断攀升。但是，笔者发现基层检察院也普遍存在获取客观证据难、审讯突破口供难、证人证言收集难等方面的问题，阻滞案件办理进度。本文基于工作实践，分析造成“取证难”的原因，进而提出破解对策，以提升侦办质效。

一、司法工作人员职务犯罪侦查的司法现状

（一）大量线索未被立案

检察机关通过办案发现、群众举报、纪检监察机关移送等渠道可以获得司法工作人员职务犯罪的线索。然而，在司法实践中，检察机关经过对大量犯罪线索研判，从犯罪构

* 褚宸舸，西北政法大学教授，博士生导师；梁勇，江苏省扬州市邗江区人民检察院党组书记、检察长；周颖，江苏省扬州市邗江区人民检察院四级检察官助理。

成、诉讼时效、危害后果、因果关系、工作职责等方面分析已有的相关证据材料后,发现很多线索并没有成案的可能性。即使对于经过筛查有可查性的线索,检察机关通过制订周密的调查核实工作计划进行调查取证,很多线索也是没有证据予以印证,真正被立案的线索很少,成案率很低。

(二)查办罪名分布不均

《刑事诉讼法》规定检察机关对司法工作人员触犯的刑讯逼供等 14 个罪名具有侦查权。当前,检察机关查办司法工作人员职务犯罪的案件数量虽然在逐年上涨,但是集中的领域多为滥用职权、徇私枉法等,查办的司法人员也多为公安派出所民警。以 J 省检察机关为例,2021 年,该省共查办司法人员职务犯罪案件 42 件 55 人,相较于上一年度同期立案的 36 件 42 人,同比上升 16.7% 和 31%。其中滥用职权、徇私枉法、玩忽职守这三类案件占立案总数的 85.7%,而刑讯逼供、徇私舞弊减刑、执行判决裁定滥用职权、民事枉法裁判、虐待被监管人等 5 类案件数量占 14.3%,非法拘禁、非法搜查、暴力取证、私放在押人员、失职致使在押人员脱逃等案件类型仍属于调查的"空白区"。

(三)地区之间查办不平衡

当前,检察机关加大对司法工作人员职务犯罪的办案力度,但却存在一个比较突出的问题即区域办案不平衡,有很多省份未能消灭"零办案",实现"全覆盖"的目标。如 2021 年,A 省 16 个市级检察院中,5 个检察院立案侦查案件数占据了该案查办司法工作人员相关职务犯罪总数的"半壁江山",但是也有一些市级检察院为"零办案"或者说查办人数非常少。

二、司法工作人员职务犯罪"取证难"的原因分析

(一)从作为犯罪主体的司法工作人员角度

由于涉嫌违法犯罪的司法工作人员文化水平高、法律知识丰富、业务熟练,犯罪手段隐蔽、反侦查意识强,因此会影响办案进度。

1. 犯罪手段隐蔽

一方面,司法工作人员实施徇私枉法、枉法裁判等违法犯罪行为均发生在司法活动中,具有较强的专业性。司法工作人员作案,往往会提前预判可能存在的法律漏洞和证据瑕疵,对相应法律后果有预期,进而提前规避,并预谋出罪路径,因而犯罪具有极大的隐蔽性。实践中,犯罪嫌疑人经常对影响定罪的关键性证据做手脚,甚至直接毁灭证据,进而规避法律,为操纵案件留下较大空间。另一方面,涉案的物证、书证等客观证据遗缺、灭失,给侦查带来较大困难。职务犯罪案发具有滞后性,作案到发案的时间少则几年,多则十几年,收集证据的难度较大。例如,在 N 市检察机关办理的一起公安民警徇私枉法案中,该民警为帮助他人涉嫌的聚众斗殴案件免予刑事处罚,弄虚作假,歪曲事实,故意模糊职务犯罪与执法过错之间的界限,以调取不到案发现场监控视频等关键证据为

由，帮助他人脱罪。因时间久远，检察机关无法查到案发当时的原始卷宗材料，很难获取定罪的客观证据，也很难对关键性证据补证，继续追查难度较大。

2. 反侦查意识强

司法工作人员职务犯罪多是故意犯罪，侦办该类犯罪离不开司法工作人员和请托人的供述，对言词证据的依赖程度高。但是，司法工作人员职务犯罪均隐藏于具体案件之中，在未调取案件材料、掌握案件信息的情况下，通过讯问等手段要求被调查人员和盘托出的可能性极小。司法工作人员长期和犯罪分子作斗争，具有较为丰富的法律知识和法律实务经验，对侦查手段、审讯方式较为熟悉，也了解定罪量刑的标准，反侦查能力较强。例如，在L市检察机关办理的某公安机关民警的玩忽职守案中，该民警具有较强的抗压能力，在接受调查或讯问时，态度强硬，拒不配合办案人员的讯问工作，对案件具体信息也多以记不清等为由拒绝或敷衍搪塞，试图以“零口供”“无效口供”对抗，讯问笔录亦拒绝签字，导致讯问陷入僵局。

3. 查办阻力较大

有研究表明，职务犯罪群发性现象突出，窝案串案多发。[①] 司法工作人员涉案主体又多为具有一定职权的领导或者处于关键岗位的人员，关系网复杂，侦查干扰阻力较大。特别是，为防止“拔出萝卜带出泥”，涉案司法工作人员所在单位存在消极保护主义思想，有的袒护讲情甚至借纪委谈话为由拖延交人时间，不能积极配合检察机关侦查取证。不仅涉案单位方面有阻力，案件相关证人及请托人的证言亦很难获取。有人因换了单位很难找寻，有人因离世无法取证。即使经过几番周折找到相关涉案证人，因案件发生在十余年前，他们回忆起当时的情景较为困难，甚至也会因担心作证后被惩罚或者影响自身利益等拒绝提供证言。例如，Y市检察机关办理的一起某公安派出所原所长徇私枉法案中，在询问相关民警时，由于害怕牵连自身，对谈话抱有抵触心理，谈及案件办理情况时避重就轻，使取证进展缓慢。

(二)从作为侦查取证主体的检察机关角度

当前，查办司法工作人员职务犯罪的专业人才匮乏，侦查技术落后，掣肘取证效率，给检察机关办案带来挑战。

1. 检察机关侦查办案的力量薄弱

大部分职务犯罪侦查经验丰富的检察官转隶至监委后，检察机关重新培养的年轻干警因实战经验不足，在侦查核实证据时娴熟程度不够，谈话技巧欠缺。尤其是案件关联人员多，部分干警经验不足，在遇到讯问(询问)对象情绪发生变化或者有抵触情绪，回避重要问题时，年轻干警缺乏讯问(询问)技巧和经验，试图通过“软磨硬泡”的方式进行，缺少应变能力，影响了案件侦办进度。此外，当前主要由各级检察院刑事执行检察部门负

---

① 参见詹复亮：《如何化解职务犯罪取证难问题》，载《学习时报》2013年6月17日。

责查办司法工作人员的职务犯罪。基层执行检察工作点多线长面广，人员普遍老化，侦查力量不足，专职从事侦查办案工作的人员屈指可数。实践中，很多司法工作人员职务犯罪案件通常是立案后在全市范围内临时组建队伍，开展侦查。这样在侦查指挥、讯问、取证固证等方面配合明显不够，有些县区级检察院一旦被省、设区市的检察机关抽调作为执行检察骨干参与办案之后，自身的相关工作就不免陷入停滞。

2. 侦查取证手段不足，模式单一

检察机关尚未跳出过去办案"一查银行账户、二查通讯记录、三查户籍信息"的思维模式，多采用讯(询)问、查阅卷宗材料、查询案件平台数据、恢复手机数据等方式进行调查取证，侦查的科技手段运用不足。正如有人指出，检察人员转隶之后，原有职务犯罪侦查技术设备出现缺口，原来与外单位建立的侦查协作机制废除，侦查工作回到"一支笔、一张嘴、两条腿"的办案模式。[①] 打击职务犯罪的要求与侦查软硬件设备，侦查技术信息化之间的矛盾日渐突出，目前还不能通过积极开展网上查询，运用情报信息开展初查，掌握与案件事实有关的通信、资产等证据材料，阻碍了侦查工作的开展。实践中，很多调查取证活动只能依赖公安机关、银行、电信运营商等单位的支持才能实现，不但侦查工作效率低，更不利于案件保密，案件走向的可控性难以保障。

3. 证明难度大

司法工作人员职务犯罪往往涉案环节多，触犯法律法规更多，大部分规定仅限于单位内部掌握，具有较强的技术性。在具体的案件中，司法工作人员违法性、责任的认定，都需要大量证据和严密的逻辑推理予以证明。检察机关立案侦查的司法工作人员职务犯罪多数以犯罪后果的发生为要件，[②]属于结果犯。实践中，司法工作人员犯罪行为与危害结果之间的关系错综复杂，"多因一果""多果一因"的现象较为常见，如果不深入调查很难查清危害结果与渎职侵权行为之间的因果关系。[③] 如果没有客观证据支持，司法工作人员主观故意就很难证明，犯罪行为很难查证，这也是很多案件获得犯罪线索后却石沉大海的关键原因。

三、破解司法工作人员职务犯罪"取证难"的对策建议

(一)坚持"由证到供"，注重收集客观证据

从客观到主观是保障侦查办案质量的基本要求。司法工作人员熟悉法律法规和办案流程，具有一定的反侦查能力，这些问题是做好侦查工作必须面对的挑战。在办案过程中，要坚持以证据为核心，高度重视客观证据，减少对"犯罪嫌疑人供述"等主观证据的

---

① 参见钟会兵、马文涛:《检察机关行使司法人员职务犯罪侦查权研究》，载《中国检察官》2019 年第 20 期。

② 参见侯亚辉:《司法工作人员相关职务犯罪侦查实务研究》，载《人民检察》2021 年第 18 期。

③ 参见王昌奎、田维武、王勐视:《司法工作人员职务犯罪"以事立案"模式研究》，载《重庆大学学报(社会科学版)》2012 年第 5 期。

依赖。通过“由证到供”，采取由外及里、外围取证，步步推进，层层深入，以证促供等方式开展侦查工作，将侦查重心调整到获取口供以外的其他证据上来。坚持依法规范、文明细致地收集证据，特别是注重围绕通话记录、银行存取款记录、行程记录、卷宗材料、会议纪要等收集固定证据，紧扣庭审举证、质证难点构建证据体系，形成由大量物证、书证等客观证据支撑，逐步获取证人证言、犯罪嫌疑人供述等主观证据，最后组成完整的证据链，形成有力的证据闭环。

(二)确立侦查重点，巧妙运用审讯策略

一方面，针对司法工作人员深谙法律法规、熟悉审讯技巧的特点，可制定出仅就某一个证据充分的环节进行谈话的审讯策略，以小见大，利用掌握的事实和证据作为突破口，对其进行施压性讯问，并点到即止，使犯罪嫌疑人因害怕和畏惧法律制裁而失去心理平衡，自我暴露。另一方面，在审讯过程中，科学运用审讯策略，运用认罪认罚从宽制度进行教育说理，通过谈危害、讲政策、给出路，使犯罪嫌疑人充分认清现实，及时交代问题。对于犯罪嫌疑人抵触情绪严重的情况，及时调整审讯策略，不再提及犯罪事实，可以营造出无论其是否供述，对认定案件并无影响的氛围，从其家庭、工作经历和心路历程、工作职责等话题入手，与犯罪嫌疑人拉家常，帮助其分析婚姻、家庭、事业给其心态带来的转变，告诫其要正视问题，并适时亮明证据，展示“零口供”定罪的可能性，同时告知家人对其的思念与期许，以突破心理防线，使其主动交代犯罪的主观故意及具体行为。

(三)关注重点人群，完善证人保护制度

许多国家和地区建立了完备的证人保护法律制度，诸如立法上的姓名更改制度、居住变迁制度、警方隔离保护制度等。虽然国外的证人保护制度耗费成本巨大，目前并不适合我国国情，笔者认为可进行一定程度的参考。建立证人信息保密制度，证人的身份信息对单位内部人员屏蔽，仅用于法院、检察院办案，保障证人的职业生涯不受影响；建立证人责任豁免制度，许多证人因担心自证其罪而影响自身利益，可按照刑法有关规定，对行贿人如实交代行贿事实的予以免除、减轻或者从轻处罚，或由检察机关作出不起诉的处理，以促使行贿人如实交代，有利于对案件的及时查办；建立证人激励机制，一方面，对证人进行思想教育，告知作证的相关法律规定，使其自愿配合调查取证。另一方面，实行奖励机制，保护好证人的人身安全和财产安全，调动其作证的积极性。

(四)借助科技支撑，建立侦技协同机制

大力开展建立侦技协同办案机制，结合检察机关查办司法工作人员相关职务犯罪案件的工作特点和规律，开发适用于司法工作人员职务犯罪的相关计算机管理体系，引进诸如话单分析处理系统、多功能侦查取证系统以及司法会计查账软件等，安排技术人员与侦查人员共同办理案件，利用现代科学技术手段恢复、提取数据，排查通讯、转账、车辆行驶轨迹等有效信息，组织专人进行账单、话单分析等，快速形成信息优势，锁定主攻方向，充分发挥科技手段在侦查指挥和协调、收集、固定证据等方面的作用，为精准有效办案提供坚实的技术保障，提升侦查效率。

（五）聚焦人才培育，组建专业办案团队

首先，为确保侦查队伍专业化和正规化，各地市检察院可单独设立职务犯罪侦查部门，在全市范围内选任有丰富办案经验的侦查骨干，组建专业办案团队，将有侦查工作经验和专业技能的检察官安排到职务犯罪侦查部门，集中力量重点突破。其次，重视采取实战练兵举措，安排年轻干警跟随办案骨干学研判、学审讯、学取证，实现分工负责，集成发力。老同志在审讯一线充当标杆，年轻干警全程参与，在办中学，在学中办，锻炼侦查队伍，提高实战能力，真正做到“法律监督不是高人一等而是技高一筹”。再次，定期邀请侦查专家给侦查人员授课培训，尽快补齐业务短板，同时召开案例评析会，邀请专业人员从不同角度分析案件得失，着力提高侦查办案各方面的能力。最后，做好经验总结，积极参与最高人民检察院指导性案例、典型案例备选工作。加强对侦查工作的经验总结和提炼，注重展现办案工作的专业化程度和贡献程度。

刑事二审程序适用认罪认罚从宽制度探索与完善

韩晓帆　黄志坚　聂婷婷　王学浩*

摘要：认罪认罚从宽制度作为一项基本刑事诉讼原则，应当贯穿于刑事诉讼全流程。二审程序适用认罪认罚从宽制度具有纠正错判、权利救济、终结矛盾等独特的价值作用，但过于放宽适用范围可能诱发被告人滥用上诉权进行策略性上诉，更不利于保护一审裁判的既判力和公信力，与认罪认罚从宽制度创设的初衷相违背。二审程序规范准确适用认罪认罚从宽制度，应严格适用范围、适用条件和从宽幅度。检察机关应继续承担认罪认罚的主导责任。

关键词：认罪认罚　二审程序　适用方式　适用范围　从宽幅度

随着认罪认罚从宽制度的深入推进，对该项制度的研究重点逐步由理论转向实践操作层面，但对于该项制度在二审程序中如何适用鲜有涉及。[①] 司法实践中，不少法院已经开始在二审程序中尝试适用认罪认罚从宽制度，但对适用条件、从宽幅度、处理后果的把握均有较大差异。[②] 本文结合司法实践，对二审程序适用认罪认罚从宽制度的价值作用进行分析，并就适用原则、适用程序等提出具有一定建设性的构想。

一、二审程序适用认罪认罚从宽制度正当性的讨论

关于在刑事二审程序是否应当适用认罪认罚从宽制度，理论界有不同观点。有观点

---

* 韩晓帆，江苏省南京市人民检察院党组成员、副检察长；黄志坚，江苏省南京市人民检察院案件管理部主任；聂婷婷，江苏省南京市人民检察院第一检察部检察官；王学浩，江苏省南京市人民检察院第一检察部检察官助理。

① 以“认罪认罚”为关键词在中国知网 2017 年 1 月 1 日至 2021 年 10 月 18 日区间内展开搜索，相关文章数量为 4400 余篇，但加上“二审”关键词后，相关文章数量仅有 206 篇，且其中大部分研究方向是认罪认罚案件上诉问题。

② 参见《江苏省首例二审程序适用认罪认罚案件顺利结案》，载南京市人民检察院网，http://nj.jsjc.gov.cn/hd/t20170913_170602.shtml，最后访问日期：2022 年 3 月 12 日。

认为,二审程序中适用认罪认罚从宽制度在立法逻辑上不能成立,也无法实现立法目的。① 但大多数观点认为,在二审程序适用认罪认罚从宽制度具有正当性和必要性。

(一)二审程序适用认罪认罚从宽制度具有合法性

《刑事诉讼法》在总则的"任务与基本原则"部分规定了认罪认罚从宽制度,说明该项制度是刑事诉讼基本原则之一,对刑事诉讼全流程具有普遍指导作用。最高人民法院、最高人民检察院、公安部、国家安全部、司法部《关于适用认罪认罚从宽制度的指导意见》(以下简称《指导意见》)第 50 条规定了第二审程序中被告人认罪认罚案件的处理,明确了对于二审程序继续可以适用认罪认罚从宽制度的政策导向。《人民检察院刑事诉讼规则》第 11 条第 2 款规定,认罪认罚从宽制度适用于所有刑事案件。人民检察院办理刑事案件的各个诉讼环节,都应当做好认罪认罚的相关工作。因此,刑事二审程序适用认罪认罚从宽制度符合法律、司法解释及相关规范性文件的规定。

(二)二审程序适用认罪认罚从宽制度具有司法实践必要性

刑事二审程序具有监督、纠错、维权、救济等功能,能够为认罪认罚从宽制度的正确适用提供有力保障。

1. 权利救济保障

前置诉讼阶段因司法机关没有依法保障被告人的知悉权、程序选择权、获取法律帮助权等法定权利,导致被告人未能适用认罪认罚从宽制度的,可以通过二审程序救济来保障被告人通过认罪认罚获得从宽处罚的法定权利。

2. 纠错防错功能

对于一审起诉、判决认定事实或适用法律错误、量刑不当,导致被告人未能适用认罪认罚从宽制度的,可以通过二审程序弥补其因司法机关错诉错判而失去的从宽权利。

3. 钝化社会矛盾

有的被告人在一审判决后才赔偿完毕,取得被害方谅解,达成和解,或履行完毕支付劳动报酬、信息网络安全管理、执行判决裁定等义务。排除有能力而拒不赔偿或拒不履行相关义务的情形,从弥补损失,修复社会关系的角度,对二审程序中的认罪认罚,应予以鼓励和正面评价。

(三)二审程序适用认罪认罚从宽制度能够实现司法效果最大化

从法律效果而言,刑事二审程序的启动本身就表明控辩一方或双方对于一审判决不认可。虽然我国实行二审终审制,但刑事二审并不意味着矛盾争议的彻底终结,除了法定的再审程序之外,还可能存在申诉、信访、上访等非诉环节。在二审程序中合理适用认罪认罚从宽制度,有利于定分止争解决控辩争议,对继续化解社会矛盾发挥激励作用,避免无休止的申诉信访,使二审程序发挥真正意义上的终审作用。

---

① 参见黄绍伟:《二审程序能否适用认罪认罚从宽制度》,载《法制与社会》2020 年第 24 期。

从政治效果和社会效果而言，只要被告人表现出认罪认罚的意愿，无论其真诚程度如何，都意味着人身危险性的降低和对抗心理的弱化。如果给予其从宽的机会，有利于扭转其对社会和司法机关的对立心理，再犯可能性进一步降低。通过再次赋予修复社会关系的机会，对被害人及其近亲属进行安抚和弥补，使受到犯罪破坏的社会心态恢复平衡。

二、二审程序适用认罪认罚从宽制度的现状考察

笔者在中国裁判文书网中，以“认罪认罚”“二审程序”“判决书”为关键词，检索出2021年1月至12月共1294份刑事判决书，随机选取在二审程序适用认罪认罚从宽制度的100份刑事判决书作为样本进行实证分析，呈现以下特征：

（一）适用情形趋于类型化

主要包括：出现新情节的共56例；一审判决错误的共8例；一审检察院、法院未依法适用认罪认罚的共14例；一审法院未采纳检察机关的量刑建议或判决量刑不当的共22例。具体而言：

1. 二审程序基于出现新情节而适用认罪认罚从宽制度

被告人在二审期间采取积极行为而出现的退赔退赃、立功等新的量刑情节，适用认罪认罚从宽制度的情形占比较大。比如，许某某、孙某某侵犯著作权案[①]，二审期间，许某某退回违法所得并预缴罚金，二审法院依法改判适用缓刑。

2. 二审程序基于原审判决存在错误而适用认罪认罚从宽制度

公诉机关、一审法院因事实认定或适用法律错误而量刑不当，导致被告人未能适用认罪认罚从宽制度。二审程序在纠正一审错误的同时，弥补了被告人被剥夺的从宽权利。例如，唐某某、王某某等人非法拘禁致人死亡案，[②]二审检察机关认为其中6人应认定为从犯，该6人均同意检察机关的处理意见并签署认罪认罚具结书。检察机关建议将6人的刑期由十年以上有期徒刑改判为五年至五年二个月不等有期徒刑，获得二审法院判决的支持。实践中还存在少量被告人在一审阶段认罪认罚，但检察机关、法院均遗漏该情节而未予认定或拒绝适用，通过二审程序进行救济的情况。[③]

3. 二审程序基于一审判决未采纳正确量刑建议而适用认罪认罚从宽制度

被告人认可检察机关的量刑建议并签署认罪认罚具结书，但一审法院无正当理由未采纳量刑建议，判处更重刑罚，被告人因未达到心理预期而上诉。二审法院通过审查一审未采纳量刑建议的理由是否恰当，从而作出相应裁判。如李某某、陆某某等开设赌场

---

① 参见江苏省高级人民法院刑事判决书，(2021)苏刑终34号。

② 参见江苏省南京市中级人民法院刑事附带民事判决书，(2021)苏01刑终146号。

③ 参见四川省泸州市中级人民法院刑事判决书，(2019)川05刑终16号。

案,原公诉机关提出对李某某、陆某某二人适用缓刑的量刑建议,一审法院未采纳而判处实刑。二审法院认为,原公诉机关量刑建议不属于明显不当的情形,一审法院应当采纳,依法改判适用缓刑。①

值得关注的是,对于原审判决正确无误的案件,上诉人二审期间仅表示自愿认罪认罚,但无退赔退赃等新情节,二审法院一般不予从宽,仅有个别案件作出改判。②

(二)从宽幅度尺度不一

对于具备相似从宽情节的案件,各地方法院对从宽幅度的把握明显有所不同。如针对新出现赔偿谅解情节的,从宽幅度就有较大差异。二审法院适用认罪认罚从宽制度予以改判的结果往往是维持主刑刑期,适用缓刑。③ 但有的案件中,二审判决不仅适用缓刑,而且大幅减少主刑刑期。④

虽然《指导意见》明确规定从宽幅度应当与第一审程序认罪认罚有所区别,但实践中往往有不同考虑,笔者也认为不宜一概而论。如针对起诉、一审判决确有错误,使被告人失去在一审程序中认罪认罚的机会,通过二审程序救济时是否在从宽幅度上有所区别?对于一审判决已适用认罪认罚从宽制度,二审出现新的从轻、减轻情节,是否仍需要进一步体现从宽?这些问题均需要结合案件具体实际综合考量。

(三)存在一定的风险隐患

当前在司法实践中对二审程序适用认罪认罚从宽制度的随意性较大,存在一些风险隐患。

1. 诉讼效率降低

一审判决已在实体上作出认定,刑事二审程序的启动本身就无益于节约司法资源。在二审程序中开展认罪认罚系列工作,诉讼效率将进一步降低。若是被告人寄希望于通过一审程序"博弈"、二审程序"认罪"来争取最大利益,则使原本可以在一审程序中适用速裁程序或简易程序审理的案件失去简案快办的机会。

2. 认罪认罚动机不纯

受上诉不加刑原则的保护,当二审程序可以继续通过认罪认罚获取从宽机会,被告人可能选择在一审程序不认罪来试图逃避罪责。对于经过侦查、审查起诉、一审庭审仍不认罪的被告人,到二审程序就认罪了,其真实动机值得怀疑。

3. 司法裁量随意性较大

司法机关对被告人"是否认罪认罚""是否从宽""如何从宽",可能存在不同的判断

① 参见广东省云浮市中级人民法院刑事判决书,(2021)粤 53 刑终 120 号。

② 参见宁夏回族自治区中卫市中级人民法院刑事判决书,(2019)宁 05 刑终 162 号。

③ 参见广东省佛山市中级人民法院刑事判决书,(2021)粤 06 刑终 779 号;西藏自治区山南市中级人民法院刑事判决书,(2021)藏 05 刑终 10 号。

④ 参见山东省滨州市中级人民法院刑事判决书,(2021)鲁 16 刑终 250 号。

标准,司法尺度存在较大差异。有的二审判决对于新出现的情节给予的从宽幅度并未体现出与一审的区别。有的法院不开庭审理,直接适用认罪认罚从宽制度作出改判。有的法院在二审程序干脆不适用认罪认罚从宽制度。①

三、二审程序适用认罪认罚从宽制度的思考与完善

有观点认为,只要一审不认罪认罚,在二审期间自愿、真实认罪认罚的,都可以根据个案情况给予被告人认罪认罚从宽的机会。② 课题组研究认为,二审程序适用认罪认罚从宽制度,从宽处罚,应当受到明确而严格的限制,可以从以下几个方面对二审程序适用认罪认罚从宽制度进行进一步完善。

(一)严格把握二审程序"认罪认罚"的认定标准

判断二审程序是否可以适用认罪认罚从宽制度,应当综合考虑各方因素、价值作用和司法导向。关于侦查阶段、审查起诉阶段、审判阶段"认罪"和"认罚"的界定,《指导意见》已有明确规定。二审程序"认罪"应当具有同一标准,但对于"认罚"应根据不同情况采用不同标准。

对于一审判决正确,二审没有出现新事实、新情节的,适用认罪认罚从宽制度应当对一审判决认定的罪名、犯罪事实及量刑全面认可。

对于一审判决确有错误的,"罪"或"罚"的内涵已经发生变化,适用认罪认罚从宽制度应当对于正确的部分予以认可,对于确有错误的部分,同意检察机关、法院拟纠正的处理意见。

对于一审判决正确,二审程序出现新的事实、证据、量刑情节的,应当是以同意一审判决认定的事实、罪名为"认罪"的基础,以认可二审阶段认定新的量刑情节,同意检察机关、法院的拟处理意见作为"认罚"的认定依据。

基于以上分析,可以将二审程序适用认罪认罚从宽制度的原则归纳为以下几点:

1. 以具有二审改判价值为基础

二审程序适用认罪认罚从宽制度的结果,一般来说都是对原审判决的改判。除需具备认罪认罚因素外,案件本身要具备改判的条件基础。通过二审程序对一审实体上、程序上存在的错误进行纠正,同时给予原审被告人重新认罪认罚的机会。仅有上诉人、原审被告人自愿认罪认罚的态度,不足以引起对一审判决的否定。

---

① 笔者在中国裁判文书网中以"刑事二审""中级法院""判决书"为关键词对 2021 年 1 - 11 月裁判文书进行检索,共检索到 2514 篇文书,在裁判理由中加上"认罪认罚"关键词后,检索结果仅有 749 篇文书。在上诉不加刑原则下,对于检察机关未提出抗诉的二审案件,法院改判只能由重改轻,在此前提下改判案件中只有不到三分之一适用了认罪认罚从宽制度,显然适用率偏低。

② 董坤:《审判阶段适用认罪认罚从宽制度相关问题研究》,载《苏州大学学报(哲学社会科学版)》2020 年第 3 期。

2. 以发挥纠错救济功能为导向

刑事二审程序的主要功能是对一审判决的纠错与救济。无论是从维护司法公信力还是鼓励尽早认罪认罚的角度，都应当以克制、必要为原则，不宜大范围、普遍性地适用认罪认罚从宽制度从而引发大规模改判。

3. 从严审查认罪认罚自愿性、真实性

二审程序对于认罪认罚自愿性、真实性的审查标准应当比一审更为严格，防止被告人出于利己的投机目的，为博取从宽机会而呈现出认罪悔罪表象，实则本身既无认罪之心，亦无悔过之意。只有真诚认罪悔罪，通过实际行动化解社会矛盾、减少社会对抗的认罪认罚，才具有否定一审判决、从宽处罚的必要。

（二）严格把握从宽幅度

原则上，从宽幅度一般应低于一审阶段的认罪认罚，以鼓励被告人、犯罪嫌疑人尽早认罪认罚、退赔退赃。但是，对于认罪程度、认罪时间、认罪主动性不同的被告人，还是应当区分不同情况作出恰当的刑法评价。

（1）因公诉机关、一审法院的过错并因此导致对被告人未能适用认罪认罚从宽制度的，从宽幅度应当适当放宽。尤其是对于被告人始终认罪态度好，仅因对错误认定的事实、证据或量刑不认可而未能获得从宽的情形，可以参照适用自始认罪认罚的从宽幅度。如在谭某某、吴某某侵犯个人信息案中，二审法院经审理认为，在一审法院审理期间，三名被告人均表示自愿认罪认罚，但一审公诉机关、审判机关均未启动认罪认罚从宽程序，既不符合法律规定，亦变相剥夺了被告人自愿选择认罪认罚而应享有的权利。二审法院采纳二审检察机关的量刑建议，依法予以改判。①

（2）一审判决正确，二审程序出现新的从宽情节的，从宽幅度应小于在一审阶段的从宽幅度。被告人退赔退赃的动机往往是希望适用缓刑。从化解矛盾、减少对抗的角度而言，综合考虑犯罪性质、手段、情节，改判缓刑不具有太大障碍，但不建议对主刑再进一步减轻，同时在缓刑考验期上也要体现出与一审赔偿谅解之间的差异。

（3）一审阶段已适用认罪认罚从宽制度获得从宽，不得重复评价。在二审程序无论因何需要再适用认罪认罚从宽制度的，对“认罪认罚”情节的从宽幅度应充分考虑一审时已赋予的从宽幅度，防止重复评价。

（4）一审阶段拒不认罪、不如实供述的，一般不宜仅因其在二审程序表示愿意认罪认罚而从宽。被告人对于一审程序未适用认罪认罚从宽制度具有过错，使因一审判决确有错误或出现新量刑情节需要改变量刑的，在是否从宽上也要慎重决定。

需要注意的是，对于二审法院发回重审的案件，因诉讼程序转为一审程序，理论上在适用认罪认罚从宽制度时也应依照一审程序，一般不受上述原则限制。

---

① 参见辽宁省抚顺市中级人民法院刑事判决书，(2020)辽 04 刑终 15 号。

（三）检察机关应当在二审程序中继续承担认罪认罚的主导责任

有观点认为，二审程序中原审被告人认罪认罚的，不需要检察机关提出量刑建议，更不需要控辩协商，应当由二审法院针对被告人认罪认罚情况，综合考虑其价值和意义，进而判断是否从宽。① 从司法实践来看，一些法院通过书面审理自行决定对原审被告人适用认罪认罚从宽制度并予以改判。笔者认为，二审阶段不宜由法院直接决定认罪认罚从宽制度适用与否，更不宜由法院与被告人、辩护人进行量刑协商。

首先，在诉讼地位上法官与被追诉人天然不平等。法官决定了案件的程序选择和实体结果，被告人出于对法官审判权力的忌惮，难以真诚表达自己的真实意思。毕竟即使由检察机关参与控辩量刑协商，还可能存在双方地位不对等的疑惑。

其次，法官直接决定是否适用、参与协商，会使监督缺失。法官兼具协商和审判职能，就等于既当运动员又当裁判员。若法官与被追诉人达成合意，甚至采取不开庭审理的方式绕开检察机关直接改判，则导致司法审判缺少监督。

再次，法院最终是否适用认罪认罚从宽制度，只能体现在终审裁判文书之中，不宜未经合议即直接提出拟处理意见，并与原审被告人协商。法院提出拟处理意见之后再听取检察机关、被告人的意见更是程序倒置，职能混淆。

最后，可能加剧司法矛盾。一审阶段，立法构建了控辩量刑协商、检察机关提出量刑建议、法官审查裁判的相互制约结构和处理流程。即使控辩无法达成合意，也可以将分歧提交至法官居中裁判。如果由法院直接与被追诉人进行协商，当双方分歧无法弥合时，法官能否依然保持中立立场难以保证。当检察机关不认可协商结果时，可能又会引发新的检察和审判冲突。

综合前述分析，检察机关具有对法院判决裁定的监督职能，一审判决后，检察机关未提出抗诉，即表示对一审判决的认可。若二审法院认为需要改判，应当听取各方诉讼主体的意见，其中当然包括作为指控方的检察机关。检察机关、法院应当对移送阅卷审查的二审案件范围作出明确规定，对于一审判决的实体或程序可能存在错误，二审程序出现新的事实、证据、量刑情节，被告人认罪认罚态度发生重大变化的，二审法院均应移送同级检察机关阅卷审查。

（四）检察机关在二审程序中适用认罪认罚从宽制度的履职方式

二审程序中，检察机关的职责是通过全案阅卷审查、讯问以及主证复核，对案件的处理提出意见，其中既包括对二审程序是否应当适用认罪认罚从宽制度提出建议，也包括对量刑提出建议。这就要求检察机关先行对是否适用认罪认罚从宽制度进行审查，开展权利义务告知、委托法律帮助、量刑沟通等工作，通过认罪认罚具结书、量刑建议书的形式将处理意见移交给法院。

---

① 参见杨立新：《对认罪认罚从宽制度中量刑建议问题的思考》，载《人民司法》2020 年第 1 期。

1. 开展有别于一审程序的权利义务告知工作

二审程序的审理程序、审查对象、裁判后果等均与一审程序不同,在权利义务告知时也应着重告知上诉人、原审被告人在二审程序认罪认罚的特殊法律后果,具体包括:二审判决裁定系终审裁判,不能提出上诉;检察机关将依法就是否适用认罪认罚从宽制度以及案件的处理、量刑向法院提出建议,但不排除法院不采纳的可能性;二审程序认罪认罚的从宽幅度一般低于一审阶段认罪认罚的从宽幅度;若反悔,最迟应当在庭审中提出,否则可能失去救济途径。

2. 充分沟通,听取多方意见

做好与法院的沟通,尊重法官在二审程序中的最终裁判权,在庭前就审查意见进行沟通。对于法院明确认为不宜改判的,要具体了解原因,慎重开展后续工作。做好与被害人的沟通,核实相关赔偿是否已经到位,是否自愿谅解,对从宽处理有无异议等。充分听取被告人及辩护律师、值班律师的意见,倾听真实诉求,对于不合理的要求充分释法说理,对于合理意见研究判断。

3. 全面审查,综合评判适用可能性

对于上诉人在一审阶段是否认罪、认罚,以及不认罪、不认罚,提出上诉的原因进行审查分析,评判认罪认罚的自愿性、真实性;对二审程序出现的新证据、新情节进行审查,评判改判必要性;对于是否应当从宽、从宽多少进行审查评价。虽然"认罪认罚"的意愿表达一般较为主观,主要通过语言、态度体现,但司法机关在审查时应将认罪认罚具象化,着重审查认罪态度变化、一审未能履行相关义务的原因。

4. 开展有别于一审阶段的量刑协商

案件已至二审程序,诉讼资源已基本用尽,不存在通过控辩协商节约司法资源的基础,且已有一审判决作为参考,量刑调整空间有限。而且,关于二审法院是否应当采纳检察机关的量刑建议尚有争议,即使通过量刑协商在某一点上与被告人达成合意,也可能并不为二审法院所认可。因此,在量刑建议方面,主要由检察机关综合考虑案件事实、情节、认罪认罚态度等因素,说明量刑建议的计算方式和从轻、从重情节的调节幅度,充分听取原审被告人、辩护人的意见,而不宜类比一审期间的量刑协商。

5. 向法院提出适用认罪认罚从宽制度,从宽处罚的建议

一方面,向二审法院移送认罪认罚具结书、量刑建议书,表明检察机关对于案件的审查意见和上诉人、原审被告人的认罪认罚态度;另一方面,在庭审过程中,对于上诉人、原审被告人有针对性地开展讯问,重点针对二审期间发生变化的内容再次进行核实,结合庭审可能出现的变化,依法提出是否从宽处理的意见。

6. 完善多级把关和集体研究制度

二审改判对于司法公信力有所破坏,提出建议需要慎之又慎。对于适用认罪认罚从宽制度,拟建议法院改判的案件,应当多方听取意见,集体研究。对于经检察机关审慎研

究,认为根据案件事实、证据确实应当依法改判,而法院裁定维持原判的,检察机关应认真研究裁判理由是否成立。对于法院无正当理由不采纳检察机关对案件的处理意见,导致判决裁定认定事实、适用法律确有错误,量刑明显不当的,检察机关应依法通过审判监督程序开展监督。

附条件不起诉与相对不起诉的精准适用

张耀阳[*]

摘要:附条件不起诉和相对不起诉是未成年人犯罪案件中两种不同的结案方式。因二者在适用中存在一定的交叉和竞合,导致司法办案人员在适用上模糊不清。通过对附条件不起诉与相对不起诉进行比较,厘清二者的区别,明确在未成年人案件中,应将有无考察帮教必要性作为两种不起诉决定适用的选择标准。

关键词:未成年人　附条件不起诉　相对不起诉　适用标准

附条件不起诉和相对不起诉同属于有罪不起诉(行为人的行为都构成犯罪,犯罪行为都较轻),同属于检察官起诉裁量权范畴。在未成年人犯罪案件的司法实践中,由于附条件不起诉与相对不起诉在适用上的竞合,导致二者在适用上存在混用。本文试对附条件不起诉与相对不起诉之间的适用关系进行探讨,明确适用标准,促进两种不起诉制度精准适用,实现各自的法律功能。

一、附条件不起诉与相对不起诉的含义和理论基础

(一)附条件不起诉的含义及理论基础

附条件不起诉又称暂缓起诉,是指检察机关对于已经涉嫌犯罪,具备起诉条件的未成年犯罪嫌疑人,基于其犯罪事实、犯罪情节、社会危害性及犯罪后的表现等因素考虑,暂时不予起诉,而是要求其在一定期限内履行一定的义务,并视其履行义务情况最终决定是否起诉的裁量制度。[①] 由此可知,附条件不起诉适用的是有罪且应当判处刑罚的行为。1992 年,上海市长宁区人民检察院对一涉嫌盗窃的未成年犯罪嫌疑人作出缓于起诉

---

* 张耀阳,江苏省宿迁市宿豫区人民检察院党组书记、检察长。

① 参见张中剑:《检视与完善:我国未成年人附条件不起诉制度若干问题探讨》,载《中国刑事法杂志》2013 年第 7 期。

处理后，各地检察机关开始了制度探索。这一制度得到社会普遍关注和支持，最终在2012年《刑事诉讼法》修改中得以体现，增设了附条件不起诉。[①]

附条件不起诉作为专门适用于未成年人的特殊制度，以少年司法、恢复性司法、起诉便宜主义等理论为基础。少年司法理念是以少年权益最大化和少年权益优先为原则的司法保护理念[②]。从生理上看，未成年人的身体发育尚未完成，对自己行为的认识和控制能力较弱；从心理上看，未成年人还处于人生观和价值观形成阶段，心智不成熟，具有更强的可塑性。对未成年人附条件不起诉不仅可以避免其进入审判程序而得到司法的否定性评价，而且可以防止未成年人在监所交叉感染，对于其正常回归社会、实现"再社会化"无疑具有重要意义。附条件不起诉秉承该理念，注重保护未成年人权益，对涉罪未成年人的教育、感化、挽救具有重要意义。少年司法理念是附条件不起诉制度最重要的奠基理论，贯穿了附条件不起诉制度的始终。

恢复性司法理念是刑罚目的论在司法实践中的具体应用，其体现在刑罚的目的不是打击和报复犯罪，而是预防和挽救罪犯。附条件不起诉制度不以惩罚未成年人为目的，而旨在通过对未成年人有条件的不起诉，促使其积极修复与被害人的关系，如赔礼道歉、赔偿损失等，并在对未成年人考察帮教后帮助其顺利回归社会。

起诉便宜主义指检察机关享有起诉与否的自由裁量权，即使犯罪嫌疑人的行为构成犯罪，符合起诉条件，检察机关也可结合案件具体情节不予起诉。这样，案件就省略了审判环节，之前被羁押的犯罪嫌疑人也不再羁押，从而节约了司法资源，提高了诉讼效率。

（二）相对不起诉的含义及理论基础

相对不起诉又称酌定不起诉，是指检察机关对于犯罪情节较轻的犯罪嫌疑人，根据有关规定不需要进行处罚或者免除处罚，根据该犯罪嫌疑人的实际情况作出不起诉决定。[③] 相对不起诉适用的是有罪但不需要处罚或者可以免除处罚的行为。

相对不起诉是我国不起诉制度的一个重要组成部分，以起诉便宜主义、宽严相济的刑事政策等理论为基础。起诉便宜主义如上所述，对社会危害性较小、情节轻微的案件，可以作出不起诉决定，以节约司法资源，推动社会和谐。相对不起诉的侧重点在于诉讼经济，起诉便宜主义的立法目的更为明显。

宽严相济的刑事政策要求正确把握宽与严的界限，在对严重犯罪严厉打击的同时，对一般刑事犯罪和轻微刑事犯罪从宽处理，促使犯罪嫌疑人正确认识自己的犯罪行为，缓解社会矛盾。相对不起诉制度是该政策的体现，对犯罪情节轻微，依法不需要判处刑罚或者免除刑罚的犯罪嫌疑人，合理运用起诉裁量权，作出不起诉处理。

---

① 参见缐杰：《正确认识附条件不起诉的几个问题》，载《人民司法》2015年第11期。

② 参见刘祎铭：《守护未来：附条件不起诉制度的适用与完善》，载《湖北经济学院学报（人文社会科学版）》2021年第4期。

③ 参见田慧：《未成年人附条件不起诉与相对不起诉关系探讨》，载《法制与社会》2016年第21期。

二、附条件不起诉与相对不起诉之比较

根据《刑事诉讼法》第 177 条第 2 款、第 282 条的规定，附条件不起诉与相对不起诉在适用对象、适用范围、刑期要求、听取意见等方面存在明显区别。

（一）适用对象不同

附条件不起诉的适用对象仅限于未成年人，而相对不起诉的适用对象没有限制，当然包括属于自然人的未成年人，也包括单位。在国外也有对成年人适用附条件不起诉的，如美国检察官对成年犯罪嫌疑人也有延缓起诉的裁量权；《德国刑事诉讼法》第 153 条规定了“在履行负担与指示情况下的停止程序”，也即附条件不起诉。

（二）适用范围不同

附条件不起诉只适用于涉嫌《刑法》分则第四章、第五章、第六章规定的犯罪，即侵犯公民人身权利、民主权利类罪，侵犯财产类罪，妨害社会管理秩序类罪。之所以限定这三类罪名，有观点认为，这三类罪整体危害性较小，故可以不起诉。这种观点值得商榷，因为任何犯罪均存在社会危害性大小问题，即使是危害公共安全罪等犯罪整体危害性较大的犯罪，亦存在偶犯、过失犯等情节轻微的情形，故不能简单地因某一类型的犯罪整体危害性较大而否认其在具体个案中存在危害性较小的情形（譬如危害公共安全罪中的危险驾驶罪、交通肇事罪危害性很可能就小）。[①] 还有观点认为，未成年人犯罪类型大多数能被这三类犯罪涵摄，这种观点显然也不准确。譬如，未成年人可能涉嫌非法制造发票罪（属于《刑法》分则第六章，即俗称的“卖假发票”）、伪造企业印章罪（属于《刑法》分则第六章，即俗称的“卖假证”），未成年人也可能与成年人构成职务犯罪共犯，总之，未成年人犯罪不限于上述三类。相对不起诉没有范围限制，《刑法》分则的所有犯罪都可以适用。

（三）适用的刑期要求不同

附条件不起诉适用于可能判处一年有期徒刑以下刑罚的犯罪，也就是说，适用的是有罪且应当判处刑罚的行为；而相对不起诉没有具体的刑期要求，其适用于有罪但无处罚必要的行为，只要求犯罪情节轻微，依照刑法规定不需要判处刑罚或者免除刑罚即可。有学者指出，“犯罪情节轻微，不需要判处刑罚或者免除处罚”一般不超出可能判处六个月有期徒刑以上刑罚的情形。[②] 因此适用附条件不起诉的刑罚一般重于相对不起诉。

（四）考量的因素不同

附条件不起诉系着眼于未成年人的主观恶性较小，有悔罪表现，基于恢复性司法与特殊预防考虑而作的决定；相对不起诉则是着眼于犯罪嫌疑人既成犯罪事实的评价，基于诉讼经济与利益权衡的考量所作的决定。也就是说，有无再犯可能性（犯罪嫌疑人的

---

① 参见张中剑：《检视与完善：我国未成年人附条件不起诉制度若干问题探讨》，载《中国刑事法杂志》2013 年第 7 期。

② 参见叶文胜、岳慧青、程晓璐、金朝、吕依蔚：《未成年人附条件不起诉和相对不起诉适用标准研究》，载《预防青少年犯罪研究》2015 年第 2 期。

主观恶性程度、人身危险性、所处的环境)、有无监督考察必要性是区分附条件不起诉和相对不起诉的重要因素。一般来讲,附条件不起诉的犯罪嫌疑人的主观恶性程度、人身危险性高于相对不起诉;附条件不起诉所处的环境劣于相对不起诉,在悔罪表现或被害人谅解程度、回归社会后的放心程度一般不如相对不起诉。有人将犯罪嫌疑人的人身危险性由高到低排序为:起诉—附条件不起诉—相对不起诉—法定不起诉。

(五)是否需要听取意见不同

检察机关在作出附条件不起诉决定之前,应当听取公安机关、被害人、犯罪嫌疑人及其法定代理人的意见。对附条件不起诉的决定,公安机关可以要求复议、复核。相对不起诉则没有听取意见的规定,检察机关可以单方面作出决定。

司法实践中,未成年犯罪嫌疑人及其法定代理人对适用附条件不起诉提出异议的情形主要有以下四种:第一种认为不构成犯罪,不应判处刑罚;第二种认为不应当适用附条件不起诉,应当适用相对不起诉;第三种认为不应当适用附条件不起诉,应当适用法定不起诉或存疑不起诉;第四种对附条件不起诉决定无异议,但对所附条件有异议。[①] 笔者认为,对上述前三个异议,检察机关应依法进行审查并客观公正地作出决定。对于第四个异议,本着有利于教育、感化、挽救未成年犯罪嫌疑人的目的,可以与对方协商,对考察条件、考察期限做必要的调整,当然协商不成的,检察机关可依法决定起诉还是附条件不起诉。

对于被害人不服检察机关附条件不起诉的,只能申诉,不能自诉。这主要是在保护未成年犯罪嫌疑人的权利和保护被害人的权利之间寻找一个平衡,立法者认为如果允许被害人自诉,会导致这个制度虚置。黄太云教授曾指出,"考虑到在刑事诉讼法中规定附条件不起诉制度,主要着眼于应当从国家层面建立一个对犯轻罪的未成年人从宽处罚的制度,所以没有强调将'取得被害人谅解'作为适用附条件不起诉的前提之一"[②]。事实上,如果允许被害人到法院自诉,对未成年犯罪嫌疑人来讲,很可能刚被检察院释放,又被法院审判有罪成为罪犯,即"检察院对未成年人不起诉,法院却判处未成年人有罪"。为避免出现这种矛盾,故限制了被害人的自诉权。但被害人对相对不起诉决定不服的,既可以向上级检察机关提起申诉,也可以自行向法院提起自诉,拥有更宽的救济渠道。

(六)是否需要附加条件不同

附条件不起诉的决定书中增加考察帮教禁止性规定,需要设置六个月至一年的考验期和考验条件,检察机关根据犯罪嫌疑人在考验期的表现作出起诉或者不起诉的决定;而相对不起诉无须附加任何条件。换句话说,附条件不起诉需要对涉罪未成年人进行一

---

① 参见吴鹏:《附条件不起诉理论与实践上的几个问题》,载《西南农业大学学报(社会科学版)》2013 年第 9 期。

② 刘宪权、何俊:《附条件不起诉的体系性适用》,载《青少年犯罪问题》2016 年第 3 期。

段时间的考察，其最终是否被不起诉，在考察期间还处于不确定状态，是一种暂时性的决定；而相对不起诉意味着刑事诉讼程序公诉程序的终结，是最终决定。

依据《刑事诉讼法》第 283 条第 3 款的规定，被附条件不起诉的未成年犯罪嫌疑人，必须遵守四个方面的规定。第一，遵守法律法规，服从监督；第二，按照考察机关的规定报告自己的活动情况；第三，离开所居住的市、县或者迁居，应当报经考察机关批准；第四，按照考察机关的要求接受矫治和教育。依据《人民检察院刑事诉讼规则》第 476 条的规定，接受矫治和教育的内容包括六个方面：(1)完成戒瘾治疗、心理辅导或者其他适当的处遇措施；(2)向社区或者公益团体提供公益劳动；(3)不得进入特定场所（譬如 KTV、网吧、电竞酒店等），与特定的人员会见或者通信，从事特定的活动；(4)向被害人赔偿损失、赔礼道歉等；(5)接受相关教育；(6)遵守其他保护被害人安全以及预防再犯的禁止性规定。如果其违反上述规定，在考验期内实施了新的犯罪；发现其在决定附条件不起诉以前有其他犯罪需要追诉的；违反治安管理规定情节严重的；违反考察机关有关附条件不起诉的监督管理规定情节严重的，检察机关应当作出撤销附条件不起诉决定，提起公诉。

三、附条件不起诉与相对不起诉的适用选择

尽管附条件不起诉与相对不起诉在法律上存在明显的界限，应当区别适用，但因附条件不起诉“可能判处一年有期徒刑以下刑罚”与相对不起诉“犯罪情节轻微，不需要判处刑罚或者免除刑罚”难以划分一条明显的界限，导致二者在适用上存在竞合，在适用时常会混同。通常混同有两种表现：一种是对既符合附条件不起诉又符合相对不起诉条件的案件，只要犯罪嫌疑人是未成年人，基于对未成年人帮教矫治的考虑，就适用附条件不起诉；另一种是按照最高人民检察院《关于进一步加强未成年人刑事检察工作的决定》中“对于既可相对不起诉也可附条件不起诉的，优先适用相对不起诉”的规定，一律适用相对不起诉，以保障未成年人权利，减少诉累。

笔者认为，在附条件不起诉和相对不起诉发生竞合的案件中，在对二者区分适用时，也应着眼于未成年人犯罪主体的特殊性，从未成年人未来发展考虑，以该未成年人是否具有再犯可能性、是否具有监督考察必要性作为优先适用附条件不起诉或相对不起诉的标准。[①]

（一）对于没有考察帮教必要的未成年人，应当优先适用相对不起诉

在办理未成年人案件中，如果检察机关认为涉罪未成年人系初犯、偶犯，犯罪情节轻微、主观恶性较小、再犯可能性不大，不存在行为偏差的应优先适用相对不起诉；或者在审查起诉期间对涉罪未成年人进行了帮教考察，该未成年人在考察期间表现良好，无再

---

① 参见何挺：《附条件不起诉适用对象的争议问题：基于观察发现的理论反思》，载《当代法学》2019 年第 1 期。

另附期限考察的必要，应裁量适用相对不起诉，以使未成年人尽早脱离刑事诉讼程序，减轻其压力，从而更快地融入社会或重返校园。这也符合最高人民检察院《未成年人刑事检察工作指引（试行）》第 184 条规定："对于既可以相对不起诉也可以附条件不起诉的未成年犯罪嫌疑人，应当优先适用相对不起诉。"

（二）对于确有考察帮教必要的未成年人，可以优先适用附条件不起诉

虽然适用相对不起诉对未成年人的惩罚要轻于附条件不起诉，但考虑到未成年人的身心特点和未来发展，适用附条件不起诉才符合未成年人利益最大化的少年司法理念。对于存在不良行为习惯和偏差（譬如有前科劣迹、经常打架斗殴、多次盗窃、多次容留吸毒、本人有毒瘾等），需要一段时间对其进行干预和矫正的未成年人来说，若适用相对不起诉直接结束诉讼程序，其不良行为不仅无法得到矫正，还容易助长其侥幸心理，有"再犯之虞"。有的涉罪未成年人因多种缘故缺乏监护条件（譬如，家庭贫困；父母离异，或长年在外打工，或服刑，或患精神疾病；自己无学可上，无一技之长等），没有生活自理能力，没有不良习性自愈能力，直接回归社会后存在隐患。适用附条件不起诉则可以对未成年人实行一定期限的考察帮教，约束其行为（禁止性规定），矫治其心理疾病（包括不良嗜好），引导其向善（做义工），培养其生活技能，从而对未成年人起到约束、震慑、教导作用，使其不敢再犯，能够顺利适应和回归社会。

附条件不起诉倾向于适用需要外部力量加以监管，从而有效抑制再次犯罪的未成年犯罪嫌疑人；相对不起诉倾向于适用犯罪情节轻微，属偶犯、初犯，且基本没有再犯可能的犯罪嫌疑人。① 因此，检察机关可以综合考虑涉嫌的罪名、犯罪情节、有无犯罪前科、个人成长经历、认罪悔罪表现、再犯可能性等多种因素，以确定涉罪未成年人是否具有监督考察必要性，进而决定是否适用附条件不起诉。

---

① 参见林双：《附条件不起诉与相对不起诉适用关系探讨》，载《法制博览》2015 年第 13 期。

检察听证制度的实践运用与完善思考

王志祥　王　蓉*

摘要:《人民检察院审查案件听证工作规定》施行以来,检察听证工作在各地全面推开。通过在司法办案中广泛适用,积极发挥听证促进司法公开、保障司法公正、化解社会矛盾等功能,保障人民群众知情权、参与权和监督权。但实践运用中还存在一些形式化倾向和畏难情绪,热衷于选择无争议或基本化解的案件进行听证,当事人申请启动较少,听证意见和效力有待加强。建议可以从建立听证案件审核标准、分类型设立听证员数据库、强化监督意见反馈、健全长效机制建设等方面予以逐步完善。

关键词:检察听证　司法公开　制约因素　优化路径

检察听证,指检察机关在司法办案中,对符合条件的案件,组织召开听证会,给当事人和利害关系人陈述、申辩、辩论、质证的机会,兼听各方诉求,确认事实和法律依据并据此作出合理决定的案件审查方式,其实质是案件公开审查。早在2000年,最高人民检察院就对刑事申诉案件制定了公开审查程序规定,之后对不起诉案件、民事诉讼监督案件等审查听证也作了进一步完善。2020年9月,为统一规范听证工作,最高人民检察院印发《人民检察院审查案件听证工作规定》(以下简称《听证规定》),检察听证在全国各地全面铺开。实施一年多以来,无论是在主动适用、程序运行、结果运用等方面,还是在提升司法公信、促进矛盾化解等效果方面,检察听证均成效明显。但因检察听证的理论基础还比较薄弱,运用仍处于探索阶段,实践中不可避免地存在一些亟待解决的问题。笔者拟结合江苏省听证实务运行情况,发现和分析现实问题,并对该制度进行功能价值分析,在此基础上提出优化路径,以期对检察听证制度不断走向成熟有所贡献。

---

* 王志祥,江苏省丹阳市人民检察院党组书记、检察长;王蓉,江苏省丹阳市人民检察院第六检察部检察官助理。

一、检察听证的理论依据与功能价值

(一)兼听则明,促进司法公开公正

公正是法治的生命线。诉讼程序公开是保证程序公正的必要条件。检察听证,一方面,通过向社会公众陈述有关事实、作出决定的依据和过程,促进检察办案活动更加公开、透明、规范,增强公众内心认同,使公众相信司法,实现实体正义。另一方面,听证也促使检察机关严格遵循法定程序,谨慎用权、理性决策,即实现程序正义。听证程序的公开性和参与人员的广泛性,使检察权在阳光下运行,打破了检察人员的思维局限,有利于掌握事实真相,进而做出正确的司法行为,是在用群众看得见的方式彰显司法公正。

(二)化解矛盾,实现案结事了人和

当事人重复申诉、长期上访甚至缠访,很重要的一个原因在于认为自己的诉求没有得到重视,通过正常程序则问题得不到解决,又没有人为其耐心解释,对案件处理结果产生抵触情绪,不理解、不赞同。相较于民事案件审判程序的三方构造,传统检察权的运作基本由公诉机关和犯罪嫌疑人两方主体参与,检察听证恰好弥补了原有刑事检察诉讼化构造的不足。通过将案件事实公开,邀请当事人、利害关系人、律师等参与,提供陈述、申辩、辩论、质证的机会,兼听各方意见和诉求,确认事实和证据,提高案件审查透明度,消弭案件相关人对司法办案的疑虑,从而真正解开心结,推动矛盾争议实质性化解,当事人息诉罢访。

(三)接受监督,提升司法公信力

检察公信力是检察机关依据职务作出的决定得到公众普遍尊重与认同的程度,包括实体内容正确、合理,以及做出决定之程序公正。[①]《人民检察院组织法》第 11 条规定:"人民检察院应当接受人民群众监督,保障人民群众对人民检察工作依法享有的知情权、参与权和监督权。"运用公开听证的方式审查案件,直接当面听取双方当事人及其辩护人、相关办案人员的意见,充分释法说理,正是保障人民群众知情权、参与权、监督权最有利的方式。特别是 2020 年以来检察听证网的建立和使用,在更大辐射范围内以"看得见""听得到"的形式自觉主动接受各方监督,大大提升了办案的公正性和公信力。

(四)开展普法,提升释法说理效果

检察办案不仅是一项法律事业,也是一项社会事业,不仅要讲法律效果,也要讲社会效果。[②] 听证活动借助其公开性的特征,成为检察机关对外普法宣传的天然载体。一方面,通过认真倾听当事人诉求,充分阐释事实、证据、法律规定,公开透明地展示办案流程,进行普法教育。另一方面,通过听证把释法说理融入办案全过程,也向社会传递法治

---

① 参见刘亦峰、杨坤、周云:《刑事检察听证程序的反思与重塑》,载《广西警察学院学报》2021 年第 6 期。

② 参见杭州市人民检察院课题组:《"枫桥经验"语境下的检察听证供给侧检视与规范化塑造——以杭州检察听证实践为样本》,载《检察研究参考》2021 年第 7 期。

声音,让普通民众了解法律的实体性规定、裁判依据及思路、检察权运行的基本程序和逻辑,将其潜移默化地转化为人们的情感认同和行为习惯,使普法更接地气、更深入人心。

二、检察听证的实践运用情况探析

为更好地了解检察听证的实际开展情况,笔者以江苏省为例,以《听证规定》出台时间为起点,对 2020 年 9 月至 2021 年 12 月全省听证工作情况进行调研发现,截至 2021 年年底,全省三级检察机关共组织听证 5052 件次,较上一年度同比增长 778.6%。

(一)从听证类型上看,基本实现四大检察、十大业务全覆盖

听证包含刑事、民事、行政、公益诉讼、司法救助、羁押必要性审查等不同案件,涉及范围广泛,基本实现"两个全覆盖"。其中,刑事案件 2856 件次,占比 56.5%,当中又以拟不起诉案件听证为主,占全部刑事听证案件的 75.5%;民事案件 412 件,占比 8.2%;行政案件 114 件,占比 2.3%;公益诉讼 667 件,占比 13.4%;其他类型听证案件 1003 件,详见表 1。

表 1 其他听证案件类型分布

听证类型	数量/件
国家赔偿案件	6
司法救助案件	643
控告申诉、信访案件	147
强制医疗申请案件	3
检察建议	10
其他	194

(二)从启动程序上看,依职权启动占据绝对多数

93.5% 的听证案件由检察机关依职权主动提起,仅有少数司法救助、信访申诉和民事诉讼监督、行政争议案件因其本身具有特殊性,矛盾争议焦点突出,系依当事人申请而启动听证程序。

(三)从听证形式上看,公开听证是主体

据统计,所有听证案件中公开听证案件 4574 件,占比 90.5%,其中,以直播方式举行听证的案件数较少,只有 63 件。不公开听证案件则主要集中在未成年人刑事案件、司法救助案件和羁押必要性审查案件。

(四)从受邀主体上看,选取对象较为广泛

其既包括人大代表、政协委员、人民监督员等主要参与人,又包括专家咨询委员和社会经验丰富的人民调解员,居民委员会、村名委员会代表等。从数据看,人民监督员参与率较高,且当中不乏经验丰富的律师,他们具有法律专业背景,能够提出较为中肯的听证

意见。

（五）从听证结果上看，同意检察机关处理意见的4481件，占全部听证案件的88.7%

不同意检察机关处理意见的案件聚集在对民事、行政生效监督案件，司法救助类案件和申诉信访案件。

三、当前检察听证实践中存在的问题

（一）存在形式化倾向，优先选择无争议、不起诉案件展开听证

依据《听证规定》，听证的案件应当在事实认定、法律适用、案件处理等方面存有较大争议，或者是具有重大社会影响的案件。实践中，一些检察机关对检察听证的价值目标认识不清，思维观念尚未转变，依旧热衷于选取案情简单、矛盾基本化解或没有争议的案件进行听证，该现象在部分基层院尤为突出。侦查机关和犯罪嫌疑人对简单无争议的案件事实、证据和量刑并未异议，为"听证而听证"的走过场形式耗费大量司法资源，也有悖设立检察听证制度的初衷，影响听证价值目标和监督功能的实现。

（二）启动方式上刑事听证几乎均为依职权启动，当事人申请这一条件未被激活

根据《听证规定》，听证程序的启动可以是检察机关根据办案需要依职权启动，或当事人及其辩护人、代理人向审查案件的检察院申请启动。笔者发现，司法救助、信访申诉、民事行政诉讼监督等因其案件本身特性，当事人往往对司法机关裁判或行政机关处理决定不服，需要申请救助，有较为明确的争议点和目的性，当事人及其辩护人主动申请的主观意愿强烈。在实践中，刑事案件承办人几乎鲜少告知犯罪嫌疑人及其辩护人可以申请听证，导致刑事听证清一色由办案机关依职权启动，形成办案部门主导，案件当事人、相关办案人员、听证员参与的听证模式。刑事听证作为检察听证和业务公开的重要载体，"当事人申请"这一启动程序一直未能被有效激活。

（三）部分检察官存有畏难情绪，听证公开程度不高，尤其是直播听证使用率较低

检察听证是检察履职方式的重要创新之举，其全面实施之初，检察人员心理上往往存在犹豫焦虑，究其根源还是对听证的价值目标认识不清，仍满足于原有的封闭式审查案件方式，单方性地认为开展听证增加了诉讼成本和人员负累，认识不到召开听证程序后上访率、申诉率和羁押率的降低，整体刑事司法效率的提高。加之领导带头主持的公开听证较少，示范引领作用不够突出，善用听证的意识未能转变。除此之外，《听证规定》中规定，公开听证的案件，公民可以申请旁听，检察机关可以邀请媒体旁听。目前，中国检察听证网已正式运行，一些检察听证室改造尚未完成，受技术设备老化等问题的影响，采取直播听证的方式还较少。直播听证也对检察官业务能力、流程控制能力、应急处置能力等方面提出了更高要求。

（四）听证意见的反馈处理和影响力总体薄弱，听证效力有待加强

充分兼听是为了力排"偏信"。听证员的意见是检察机关处理案件的重要参考。实

践中,听证员的选取范围较为广泛,包括人大代表、政协委员、人民监督员等具备一定社会经验的人士,也可以邀请特约检察员、专家学者、当事人所在单位或居住地居民委员会和村民委员会代表担任听证员。《听证规定》中,参加听证会的听证员一般为三至七人。调研中发现,个别检察机关习惯性邀请固定的人民监督员、政协委员等参与听证,且听证员大多为三人,未能考虑个案的特性。一些听证员对案情、专业法律知识欠缺了解,提问环节仅就量刑幅度等提出基本问题。听证员所提的意见建议绝大部分是"认同检察机关的处理决定",独立性程度有待加强,外部监督容易浮于表面,影响力不足。

四、实现检察听证常态化之路径选择

如上文所言,《听证规定》从组织方式、程序运行、结果运用等方面推进了听证规范化、科学化发展,但实践贯彻落实中也折射出一些问题。新的检察权运作体系下,如何促进听证工作的常态化发展,不仅要对该制度有正确认识,更要完善运行规则,提升其监督效能。

(一)建立完善听证案件审核标准

针对实务中选取无争议、影响小的案件开展听证,笔者建议,一方面,设立听证案件必要性审查制度。过滤掉案情简单,被害人已经谅解,被告人没有异议的案件,选取对法律适用存在争议、对裁判结果存有异议或在地区具有重大影响、重复信访等矛盾突出的案件进行听证,发挥该制度在审查疑难复杂案件和化解矛盾纠纷中的作用,并且在程序上设置"经检察长批准"的程序。另一方面,建立检察听证案件风险评估制度。为了畅通检察听证启动程序,打消公开审查带来的未知风险顾虑,在必要性审查基础上,可将"风险性"评估作为听证的前置程序,对涉案人数、社会关注度、可能引发的舆情等因素进行研判。对不适宜公开,会带来舆论负面风险的案件予以排除;对公开听证,特别是直播听证案件,真正做到案件实质性审查,使整个程序更加透明、公正。

(二)建立听证员数据库完善选任制度

根据听证需要邀请合适的听证员,对提高案件审查质量大有裨益。听证员的选任既要体现广泛性又要凸显专业性,笔者建议成立分类型的听证员数据库,具体包括:第一类,法律工作者,具备专业法律知识和背景,对个案中的法律问题进行把关,作出判断;第二类,行业专家,具备专门领域的知识,对案件中所涉及具体领域的问题作出解释;第三类,社会工作者,具有较多社会经历和较强的矛盾处理能力,包含居委会代表、村委会代表、单位代表、社会组织代表等。在选任听证员时,建议至少保证一至二位法律人员作为听证员,同时结合个案性质选择行业专家和社会工作人员参与。如对申诉信访类案件需要化解心结的听证,可以邀请社区调解处理能力强的工作人员加入,纾解当事人情绪,强化监督效果,实质性办理案件。同时,对于数据库内听证员的遴选、培训、使用、淘汰等实施统一管理,以加强听证员队伍建设。

(三)强化监督意见反馈和约束力

检察听证作为一种外部监督机制,其能否充分发挥监督效果的关键在于监督强制效力的有无,缺乏监督强制效力的监督机制只可能成为一种为权力实施“正名”的工具。① 提高听证员意见建议的刚性,赋予监督更为实质化的内容,是该制度发挥作用的重要保障。关于听证员意见,《听证规定》将其作为承办人处理案件的重要参考,并不具备强制效应。为保障听证意见的效力和检察听证的效果,笔者认为,应根据不同听证意见的分类处理。当多数意见同意检察机关的处理决定,并对案件办理产生补充作用时,原则上应采纳听证员的评议意见,且对补充建议作出合理性思考。当评议意见与拟处理意见产生重大分歧时,应提请检察官联席会议讨论,报检察长同意后作出决定,必要时提交检察委员会决定。决定与听证员评议意见不一致的,应当在决定作出后三个工作日内向听证员详细说明理由和依据。此外,建立意见回复动态监管机制,将接受监督的情况、监督意见的处理、案卡填录等作为流程监控、案件质量评查和态势分析的内容,实现痕迹管理,做好日常监管,倒逼规范听证程序。

(四)健全听证长效机制建设

第一,规范听证室建设,推进直播听证。最高人民检察院制定了关于检察听证室建设的一系列规范性文件,各地应依托办案工作区,遵循因地制宜、适用可行原则,尽快统一规范设置,为听证活动,尤其是直播听证提供符合要求的场地、设施和系统,将听证全过程放到公众面前,自觉主动接受外部监督。第二,建立听证申请权利告知程序。检察听证中当事人的参与度是检测程序公正的重要指标。听证启动可分为申请型和职权型两种,但实践中有些当事人及其辩护人对此缺乏了解。笔者建议在审查案件时,应告知当事人申请听证的权利,赋予案件当事人提出听证申请的自主选择权。第三,加强听证案例指导,将检察听证纳入考核标准。发布优秀检察听证案例,通过开展现场观摩,学习听证指导性、典型案例等形式,引导检察官依法依规熟悉听证流程,提升应变能力。为实现对有需求的案件“应听尽听”“不胡乱听”,建议将听证案件纳入检察官业绩考评系统,注重听证质量和效果的考察,防止片面强调适用数量,推动听证工作健康发展。

① 参见刘青松:《新刑诉法背景下人民监督员制度的发展》,载《昆明学院学报》2020年第2期。

案例研究

论检察视角的涉案企业合规典型案例之类型化创建

方海军　吴高飞[*]

摘要：涉案企业合规典型案例旨在对包括检察机关在内的司法机关办理有关企业合规案件起到示范和指引的作用，同时也对社会大众起到普法教育和宣传作用。为充分发挥涉案企业合规典型案例的积极作用，需要根据企业合规的类型，进行类型化的构建。根据涉案企业合规的"事前预防或责任阻却"以及"事后完善及再犯避免"之目的，涉案企业合规典型案例可以分为两大类型，并分别根据不同的类型，进行专门性的培育和发布。在此过程中，既要做到创设和遵循一般性的规则，又要根据涉案企业合规的不同类型，创设和遵循各自的特殊性规则，从而分别将"责任阻却"和"法益修复"的涉案企业合规典型案例所应当起的作用区别开来，将实质出罪机制落实到企业合规制度中去，从而保障企业正常的生产经营，依法维护企业合法权益。对于检察机关而言，典型案例类型化创建也起到规范法律思维，提升办案质效的积极作用。

关键词：涉案企业合规　典型案例　类型化　责任阻却　再犯避免

一、不同类型的涉案企业合规需要创设类型化的涉案企业合规典型案例

（一）类型化的涉案企业合规典型案例能够促进对企业合规制度的全面认识

早在2018年11月国务院国有资产监督管理委员会就制发了《中央企业合规管理指引（试行）》，2021年6月最高人民检察院会同财政部、司法部等共同制发了《关于建立涉案企业合规第三方监督评估机制的指导意见（试行）》，在此之前最高人民检察院还

---

* 方海军，江苏省如东县人民检察院党组书记、检察长；吴高飞，江苏省如东县人民检察院第六检察部副主任。

单独制发了《关于开展企业合规改革试点工作方案》,社会各界对企业合规逐渐有了较为清晰的认识。但是,就目前而言,对于"企业合规"的认识,较大程度上还局限于涉案企业违法犯罪之后进行的合规性整改,系"事后完善及再犯避免"之目的的涉案企业合规类型,对于"事前预防或责任阻却"之目的的涉案企业合规却鲜有论及,其实这种涉案企业合规对于依法维护企业及相关人员的合法权利,体现刑法之谦抑性有着很大的实际价值。通过不同类型涉案企业合规典型案例的发布,不仅对于企业本身,对于司法机关,乃至整个社会都会起到对企业合规制度的全面认识的作用。

(二)类型化的涉案企业合规典型案例对于案件办理起到更加积极的作用

在对涉案企业合规全面认识的基础上,根据不同目的之企业合规类型,发布不同类型的典型案例,旨在指导办理不同类型的涉案企业合规案件,从而充分发挥企业合规制度的价值。不仅要"在依法作出不批准逮捕、不起诉决定或者根据认罪认罚从宽制度提出轻缓量刑建议等的同时,针对企业涉嫌具体犯罪,结合办案实际,督促涉案企业作出合规承诺并积极整改落实,促进企业合规守法经营,减少和预防企业犯罪,实现司法办案政治效果、法律效果、社会效果的有机统一"①,还要在涉案企业的责任认定方面,结合案发前的企业合规情况,在罪与非罪方面作出合法合理的判断。

二、规则创设或遵循:类型化的涉案企业合规典型案例创建之关键

(一)规则创设或遵循的前提和意义

1. 不违背法律明文规定,是涉案企业合规典型案例创建的重要前提

不同于判例法中的判例,涉案企业合规典型案例不是造法,而是在现有法律规定的前提下,实现对法律和包括刑事政策在内的国家政策的正确、合理适用。最高人民法院、最高人民检察院发布的指导性案例、典型案例,均是如此目的。因此,其首要前提就是不能违背当前法律的明文规定,如"对于法律没有规定或者规定不明确之处,还要创设出相应的规则",即是变相抵触,便要禁止,否则就是判例造法,在我国是行不通的。

2. 有利于发挥企业合规制度的优势,同样是涉案企业合规典型案例创建的前提之一

由于企业合规尚处于试点阶段,其制度优势和设计初衷,还未能充分展现。相关的涉案企业合规典型案例,无疑要起到能够引导司法办案,发挥企业合规制度优势的作用。从当前所公布的企业合规典型案例看,分别涉及环境污染、虚开增值税发票、对非国家工作人员行贿和串通投标等方面的具体罪名。办理案件的各检察机关通过企业合规工作的开展,对涉案企业分别作出相对不起诉或向法院提出依法从轻处罚的检察建议,取得了"办理一案、教育一片、治理社会面"的显著成果。②

---

① 徐日丹:《依法有序推进企业合规改革试点纵深发展》,载《检察日报》2021年4月9日,第1版。

② 参见《企业合规改革试点典型案例》,载《检察日报》2021年6月4日,第2版。

（二）一般性规则

涉案企业合规，笔者认为，可以分为“事前预防或责任阻却”和“事后完善及再犯避免”两大基本类型（或目的），相应的涉案企业合规典型案例也可以据此分为这两大类型。这两大类型的典型案例，所期望创设或遵循的规则，可以分为一般性规则和特殊性规则。所谓一般性规则，是指两大类型的典型案例共同之规则，特殊性规则指两大类型的典型案例，各自所具有的不同规则。其一般性规则，笔者简要提炼如下：

1. 维护企业合法权益

推行企业合规制度，是为了最大限度地保障企业正常生产经营，最大限度地避免因违法犯罪给企业带来巨大的损失，那么涉案企业合规典型案例理所当然地要彰显维护企业合法权益的作用。笔者从当前所能收集到的这方面典型案例看，均体现了企业合规构建之后，通过对企业采取不起诉或者提出量刑建议，对企业从轻判处刑罚等激励性措施，最大程度避免了企业因违法犯罪可能带来的停产、倒闭，员工失业等负面影响。但是这些案例在维护企业合法权益之方法的可行性介绍方面却过于简略，在涉案企业合规建设的项目投入、成本核算和效益产出方面甚至寥寥数语。由于涉案企业合规典型案例的受众包括法律共同体在内的所有社会大众，当然也包括潜在的犯罪企业，如果这样的典型案例能够在效果比较、利益权衡、方法介绍等方面实现可视化、直观化，其说服力和法治宣传、教育效果会更加明显。

2. 促进企业合法合规经营

有学者认为，检察机关可以在审查批捕、审查起诉过程中，发现涉案企业存在合规漏洞和风险时，向其发出检察建议，旨在督促其提高依法规范经营和维护自身合法权益的意识和能力，避免其再次违法犯罪或受到伤害。① 相关的涉案企业合规典型案例，当然要自始至终体现出促进企业合法合规经营的作用，这也是发布该类典型案例需要创设或遵循的规则之一。

3. 符合法律解释学原理

严格来说，“符合法律解释学原理”是对规则创设或遵循的要求，但是从“规则”一词的扩大解释看，也可以将“符合法律解释学原理”纳入规则的范畴。涉案企业合规典型案例的规则创设，是对法律运用在技术层面上的一种补充和完善，需要在一定的前提下，有据可行地进行，不能突破法律解释学的限制。正如有学者认为的“法律解释方法意蕴丰富，对法律实践意义重大，是指法律解释的可行路径、规范准则和理由根据”②，因此，涉案企业合规典型案例所创设或遵循的规则，应当在法律解释学的范畴内进行。

---

① 参见李奋飞：《论企业合规检察建议》，载《中国刑事法杂志》2021 年第 1 期。
② 张志铭：《法律解释学大有可为》，载《人民日报》2016 年 3 月 28 日，第 16 版。

（三）特殊性规则

1. 涉案企业合规典型案例之“事前预防或责任阻却”

（1）“免责事由”合法，并且得到贯彻

近些年，随着立法、司法的不断进步和法学研究水平的大幅度提升，在包括刑事案件在内的所有启动司法程序的案件，对于责任的认定和承担，逐渐开始注重逻辑法则和判断过程，而不是简单粗暴地以结果定是非。由于企业犯罪在刑法层面往往是“行政犯”，在此之前，大多违反了“前置法”①或者行业规范，如果在前置法或者行业规范阶段，就能实现违法阻却或者责任阻却，那么涉案企业就能避免遭受定罪量刑。这种实现违法阻却或责任阻却的事由，为了表述方便，笔者一并称为“免责事由”。要适用免责事由，首先不得违法，否则无效。随着法治的进步，这样的免责事由，理应受到更多的重视和贯彻。比如，刑事违法性和责任阻却的正当防卫、意外事件、不可抗力、期待可能性等，在涉案企业合规构建中，要通过规章制度的形式，充分贯彻到企业的生产经营中去。联系“尽量放过企业，但要严惩责任人”之基本的合规理论，②这样的“免责事由”对于涉案企业之出罪（但不意味着不承担其他法律责任），同时追究责任人的刑事责任，显得非常明晰，而相应的涉案企业合规典型案例在此方面的认定、论述要着重展开。

（2）有利于企业合规的“证据规则”

企业在涉嫌犯罪或者其他违法的时候，对于所谓的“犯罪事实”或“违法事实”，一般而言均会提出抗辩。对于抗辩理由，在举证责任（或证明责任）方面，不同的实体法有着不同的要求。有观点认为“将合规计划作为阻却犯罪或减免刑罚的事由，司法程序的正常运行还必须调整证据规则”③。笔者认为，虽然没有必要仅就涉案企业合规单独制定或调整现有的证据规则，但是在涉案企业提出的事关“合规”之抗辩事由方面，其证明标准可以适当降低。检察机关培育该类典型案例，如果涉及抗辩事由的采纳，最终决定不诉（还有某些情况下的撤案），在对抗辩事由的证据学分析方面，要强调证据之间证明力的比较，对于所谓“优势证据”的采纳，要充分展示分析、比较的过程，而不是寥寥数语、一笔带过。如果涉案企业提出主张已经制定并严格执行了有效的合规计划的，该类典型案例中应详略得当地予以表述。

---

① 说明：这种所谓“前置法”与刑法的关系，法学理论界多有探讨，如杨兴培教授认为“如果行为违法，但其违法性程度尚可被前置法截获，则行为将会被标记成违法，并将接受前置法的制裁。如果前置法对违法行为的管控无效或违法程度已经超出前置法的管辖，这类行为才有交由刑法接管的资格。针对这些经过前置法的过滤后仍无法分解的行为，刑法应根据犯罪构成模型，不断对违法行为进行比对和衡量，然后决定是否要认定犯罪，是否需要科以刑罚”。参见杨兴培、田然：《刑法介入刑民交叉案件的条件——以犯罪的二次性违法理论为切入点》，载《人民检察》2015年第15期。

② 参见陈瑞华：《企业合规出罪的三种模式》，载《比较法研究》2021年第3期。

③ 马明亮：《作为犯罪治理方式的企业合规》，载《政法论坛》2020年第3期。

(3)不排除刑事责任之外的其他法定责任

涉案企业合规之典型案例,除了给法律从业者提供办案和学习的参考外,也对社会大众起到普法宣传的作用。因此,如果该类案件最终处理结果并未定罪量刑,那么对于社会大众而言,不排除会产生涉案企业未承担任何法律责任的误解。因此,在这类典型案例的撰写和发布中,如果涉案企业最终并未定罪处罚,但是存在需要承担其他法律责任的情况,要合法合理、逻辑清晰地予以说明。

2. 涉案企业合规典型案例之"事后完善及再犯避免"①

(1)彰显绝大多数案件中的认罪认罚从宽制度

由于"在中国目前的法律框架下,刑事合规制度与认罪认罚从宽制度具有一定的相容性"②,既然企业在触犯刑法之后,愿意通过合规整改,达到检察机关依法对该涉案企业,以及某些情况下的企业员工不起诉的目的,那么该类案件中理所当然地存在认罪认罚的情况,否则所谓的"合规计划"就无从谈起。所以,涉案企业合规之典型案例,对于认罪认罚从宽制度与企业合规的糅合方面,也要有所侧重,合理安排。值得注意的是,并非所有需要合规建设的企业,都构成犯罪,如在最高人民检察院发布的"企业合规改革试点典型案例"中的"王某某、林某某、刘某乙对非国家工作人员行贿案",就仅是企业员工的个人行为。③

(2)逻辑清晰的责任认定

笔者发现,法学理论界和司法实务界对"企业合规"的界定和理解,并不完全相同,尤其在企业责任和直接责任人责任的具体认定上,还存在分歧。在企业合规案件中,如果企业的涉罪情节轻微,完全可以做到对企业不起诉,对直接责任人单独起诉(其实这种做法在单位犯罪理论和刑法具体规定上,均存在难以合理解释之处)。如果企业的涉罪情节严重,那么对其不诉,却对直接责任人单独起诉的话,在犯罪责任论、犯罪主体论和刑法具体规定上,就更加难以合理解释。由于"现实当中,需要通过合规不起诉来解决问题的企业犯罪往往都不是'情节轻微'的类型"④。因此,要通过涉案企业合规典型案例对这类难题提供较好的解决范式,就需要一套逻辑清晰的责任认定模式,才会对理论研究和司法办案起到较大的推动作用。

(3)科学、合理的监督评估

根据最高人民检察院会同财政部、司法部等共同制发的《关于建立涉案企业合规第三方监督评估机制的指导意见(试行)》第 1 条的规定,检察机关在办理涉企犯罪案件时,

---

① 说明:其实这种"事后完善及再犯避免",也是另一种"事前预防或责任阻却",因为涉案企业违法犯罪之后,进行的有针对性的合规构建,同样是为了以后的"事前预防或责任阻却"。因此,"事前预防或责任阻却"的规则,同样适用。

② 石磊、陈振炜:《刑事合规的中国检察面向》,载《山东社会科学》2020 年第 5 期。

③ 参见《企业合规改革试点典型案例》,载《检察日报》2021 年 6 月 4 日,第 2 版。

④ 黎宏:《企业合规不起诉:误解及纠正》,载《中国法律评论》2021 年第 3 期。

"对符合企业合规改革试点适用条件的,交由第三方监督评估机制管理委员会(以下简称第三方机制管委会)选任组成的第三方监督评估组织(以下简称第三方组织),对涉案企业的合规承诺进行调查、评估、监督和考察"。由此可见,这样的监督评估是对"合规承诺"的监督评估,与企业将合规措施真正落实到位并不完全等同。由于所谓的"再犯可能"或"社会危险性"之判断,本身就是或然性判断,并非必然性的结论,类似"羁押必要性"之判断,在结果出现之前,均处于不确定的状态。如某人盗窃,犯罪数额刚过立案标准,且无前科劣迹和累犯等情节,于是对其不捕。但是就在取保候审期间,该人又实施了故意杀人的犯罪,那么对于之前的不捕决定,评价其是否合适,现实中就难免存在较大争议,尽管从刑事诉讼法的角度而言并无明显不当。同理,由第三方出具的"合规考察书面报告",也只是对企业"再犯可能"的或然性判断,检察机关主要依据其作出的不捕、不诉,同样不能排除措施不当的风险。因此,在培育到正式发布涉案企业合规之典型案例的过程中,就需要预先考虑到这样的风险。对于第三方的监督评估,要从司法审查的角度,从形式到实质建立起一套科学、合理的方法,在典型案例的表述中,要将这样的因素融合进去,较好地发挥典型案例的示范作用。

三、展望:涉案企业合规典型案例的类型化创建旨在加强说理的同时,也要更好地维护企业的合法权益

正如很多年前就有学者认为的那样,"应当改革判决书的制作方式,不允许将一定事实与一定条文连接起来即可构成判决书,而要求法官详列判决理由,论述这样判而不是那样判的依据"[①]。与此类似,涉案企业合规典型案例同样需要加强说理,并且这样的说理,要遵循逻辑法则,要经得起法律界同行,乃至社会大众的进一步追问。涉案企业合规典型案例,之所以要进行类型化创建,重要原因之一,就是凸显企业合规制度的责任阻却和实质出罪功能。企业合规典型案例类型之一"事前预防或责任阻却",就是为了强调企业合规制度的定罪阻断功能,保障企业在"罪刑法定"的前提下,专注于正常的生产经营;而涉案企业合规典型案例类型之二"事后完善及再犯避免",则侧重于法益修复和犯罪预防。因此,不同目标的涉案企业合规典型案例,需要区分不同的类型,从而有所侧重,具体化地培育和发布,充分发挥对司法办案的指导意义,从而更好地维护企业的合法权益。联系"有罪不一定罚"的出罪机制,力图实现处罚值得处罚的法益侵害行为之实质正义,遵循罪刑法定原则以及实现刑法的人权保障机能,[②]这样的涉案企业合规典型案例的类型化创建,不失为一种维护合规企业合法权益,规范法律思维方式,提升办案质效的切实可行的方法。

---

① 徐国栋:《民法基本原则解释——以诚实信用原则的法理分析为中心》,中国政法大学出版社 2004 年版,第 390 页。

② 参见刘艳红:《形式入罪实质出罪:无罪判决样本的刑事出罪机制研究》,载《政治与法律》2020 年第 8 期。